INA REMMEL

WENIG ZEIT UND TROTZDEM SELBSTVERSORGER

Inhalt

Was es zuvor zu sagen gibt

Dieses Buch ist für alle, die gerne mit dem eigenen Gemüseanbau starten möchten, aber Respekt vor dem Arbeitsaufwand haben. Auch wenn du schon erste Gartenerfahrungen gesammelt hast und nun mit Struktur deine Selbstversorger-Ernte steigern möchtest, dann findest du hier eine gute Anleitung.

Du kannst mit diesem Buch die vermeintliche Hürde nehmen, dass der eigene Gemüseanbau kompliziert und zeitfressend ist. Jeder kann sein eigenes Gemüse anbauen, davon bin ich überzeugt. Und der Garten wird dabei ein gutes „Nebenbei-Hobby". Auch wenn du nur wenig Zeit im Garten verbringst, lehrt uns dieser vieles über die Natur, unsere Gesellschaft und uns selbst. Wer sich einmal mit der Selbstversorgung vertraut gemacht hat und versucht hat das eigene Gemüse anzubauen, bildet eine neue und nachhaltige Wertschätzung für das tägliche Gemüse.

REZEPTESAMMLUNG GARTEN

Für mich ist Gärtnern ein bisschen wie Kochen oder Backen. Mit einem Rezept kann fast jeder ein passables Gericht kochen und je mehr Übung man hat, umso einfacher gelingt es, auch ohne Anleitung Zutaten zusammenzufügen und sich selbst zu versorgen. Einige werden zum passionierten „Garten-Koch", probieren ganz intuitiv neue Kombinationen aus und entwickeln ein Gespür dafür, wie viel Flüssigkeit ein Teig benötigt oder welche Würze gut miteinander kombiniert werden kann. Andere wiederum brauchen ihr Leben lang Rezepte und Anleitungen, dennoch machen sie sich die Portion Spaghetti oder die Bratkartoffeln quasi von allein. Was, wenn ich dir sage, dass du nie ein perfekter Gärtner sein wirst, aber deine Zuckerschoten und Salate auch ohne dich wachsen und dich mit leckeren Blättern und Früchten beschenken? Wenn nicht Perfektion, sondern Lernerfolg und eine ganzheitliche Erfahrung des Gemüseanbaus dein Ziel sind, dann ist mein Buch richtig für dich.

Dieses Gartenbuch ist eine Rezeptesammlung für deine ersten Beete. Das Ziel ist, mit möglichst einfachen und sogenannten extensiven – also pflegeleichten – Gemüsearten das eigene Grün ernten und die Grundtechniken des Gärtnerns umsetzen zu können. Stellst du nach deinem ersten Gartenjahr fest, dass du zum passionierten Gärtner werden möchtest, dann kannst du die erlernten Anbaumethoden auf weitere Arten und Sorten übertragen und nach und nach deinen grünen Daumen weiterentwickeln.

Du lernst deinen Garten kennen und findest heraus, welches Gemüse dort gut wächst. Du entwickelst ein Gefühl für die Menge an Gießwasser, für die Nährstoffe, die deine Pflanzen benötigen und für den Boden als Gesamtsystem. Nach der Lektüre sind Mulch, Nachtschattengewächse, Eisheilige, Grubber und Gesteinsmehl keine Fremdwörter mehr für dich.

Ich freue mich, dass ich dich auf deiner Gartenreise begleiten darf und dir die wunderbare, geheimnisvolle und beruhigende Welt des Gemüseanbaus zeigen darf.

SELBSTVERSORGUNG GANZ EINFACH

Kartoffeln, Tomaten, Zuckerschoten & Co. liefern dir reiche Erträge und sind bestens für deinen Selbstversorger-Garten geeignet. Du musst nur noch loslegen.

Was du in diesem Buch findest

Learning by doing – das ist die Devise meines Buches. Hier geht es nicht um Theorie, wir steigen gleich in die Praxis ein. Um dich bei einem möglichst erfolgreichen Garteneinstieg zu begleiten, konzentriert sich dieses Buch auf 14 Gemüsearten, die du auf jeden Fall ernten wirst. Für weitere Arten gibt es immer wieder Tipps und sicherlich wird dein Entdeckergeist auch noch andere Dinge ausprobieren wollen. Mit den vorgestellten Gemüsearten wendest du unterschiedliche Kulturtechniken an, welche du später auf andere Arten ganz leicht übertragen kannst.

Nach der Vorstellung der Gemüsearten kommt schon der Hauptteil des Buches: Aufgeteilt in Kapitel von Januar bis Oktober gibt es für jeden Monat verschiedene Aktionstage. Bei den jeweiligen Aktionen findest du immer eine Zeitangabe, damit du einschätzen kannst, wie aufwendig die Arbeit ist. Du wirst aber nie einen ganzen Tag für eine Aufgabe brauchen, teilweise sogar nur 30 Minuten.

Das Buch ist auf das Gärtnern in klassischen Bodenbeeten ausgelegt, einfach deshalb, weil sie leicht anzulegen und auch mit wenig Zeit gut zu bewirtschaften sind. Hochbeete, Topfkulturen oder Hügelbeete haben je nach Platzverfügbarkeit oder Bodenqualität ihre Berechtigung. Beachte jedoch, dass sie einen höheren Gießaufwand mit sich bringen.

GEDULD UND LEIDENSCHAFT

Mir ist es sehr wichtig, dass du geduldig mit dir und deinem Garten bist. Geduld und Hoffnung sind Eigenschaften, die einen guten Gärtner ausmachen. Das Wissen und der Glaube daran, dass aus dem kleinen Saatkorn irgendwann eine große Pflanze heranwächst, sind notwendig, denn teilweise musst du vier Wochen warten, bis du erste Erfolge siehst. Gibst du aber nach zwei Wochen auf, weil du denkst, es ist nichts geworden, und gräbst das Beet um, dann hast du deine Ernte sprichwörtlich im Keim erstickt. Und um noch mal einen Bezug zum Kochenlernen zu bringen: Du warst auch nicht das erste Mal, als du Spaghetti in einen Topf geworfen hast, direkt ein Profi-Koch. Es braucht Zeit, Erfahrungen und neunmalkluge Tipps von denen, die es schon länger machen.

Gemeinschaftlich gärtnern

Du kannst die Aktionstage in deinem eigenen Garten durchführen oder auch in einem gemeinschaftlichen Garten umsetzen. Für Aktionstage, die besser in Gemeinschaft funktionieren, findest du jeweils zu Beginn des Kapitels einen Hinweis. Bist du einmal ein Gärtner, dann wirst du die großartige Gemeinschaft und Unterstützung von anderen Gärtnerinnen und Gärtnern oder Interessierten erfah-

Gemeinsames Gärtnern und der Austausch mit anderen Gärtnern machen Spaß und bringen neue Ideen.

ren und wertschätzen. Es macht einfach Spaß, gemeinsam etwas anzubauen, zu ernten, zu verarbeiten und vielleicht sogar gemeinsam zu essen. Ich habe noch keine vergleichbare Spezies kennengelernt wie die passionierte Gärtnerin, die am liebsten die neuesten Dünge-Tipps oder alten Saatgutsorten austauscht, an jedem Gemüsegarten stehen bleiben muss und ihre Begeisterung immer beibehält.

DU UND DEIN GARTEN – BESTE FREUNDE?

Du und dein Garten – ihr müsst euch langsam anfreunden, denn eigentlich habt ihr sehr unterschiedliche Bedürfnisse. Du möchtest vielleicht Gemüse auf einer Fläche anbauen, die jahrzehntelang eine Wiese war oder die von Brombeeren überwuchert wurde. Dein Gartenboden ist darauf aber erst mal gar nicht vorbereitet und kann sich nicht so schnell umstellen. Er ist noch auf Wiese programmiert und aus diesem Grund werden über einen längeren Zeitraum immer wieder schlummernde Samen von Beikräutern zwischen deinem Gemüse aufkeimen. Die gute Aussicht: Mit jedem Jahr, in dem du deinen Garten und die Gemüsebeete pflegst, wird es besser. Der Boden wird humoser und lockerer und lässt du die Beikräuter im Garten zukünftig nicht mehr aussamen, dann werden es langsam weniger werden. Und natürlich gibt es auch jede Menge Beikräuter, die schon früh im Jahr aus der Erde spitzen und durchaus genießbar und außerdem sehr gesund sind. Du kannst sie für den ersten Salat, die erste Kräutersuppe oder einen Quark verwenden.

FRÜHLINGS-BEIKRÄUTER FÜR DIE KÜCHE

- ✓ *Brennnessel: roh für den Salat oder Quark, als Gemüse, für die Suppe*
- ✓ *Giersch: roh im Salat oder Quark, im Smoothie, als Gemüse*
- ✓ *Löwenzahn: roh im Salat oder Quark, im Smoothie*
- ✓ *Vogelmiere: roh im Salat oder Quark, als Gemüse*

Ein Permakultur-Gemüsebeet wird im Rahmen der schon bestehenden Strukturen angelegt.

Deine Aufgabe im Gemüseanbau ist es, deinen Pflanzen eine gute Grundlage und einen perfekten Start im Beet zu geben und danach deinem Garten und den Pflanzen zu vertrauen, dass sie – außer ein paar Pflegemaßnahmen deinerseits – die restliche Arbeit übernehmen. Die Balance aus Zuwendung und Nichtstun wird dein Garten dir mit neuem Bodenleben, Artenreichtum und einer reichen Ernte danken. Damit sich die Anlage und Instandhaltung deines Gemüsebeets nicht wie ein Kampf anfühlt, wirst du lernen, mit dem Wetter und den klimatischen Bedingungen zu gärtnern. Es ist nämlich viel einfacher und erfolgreicher mit der Natur als Partner zu gärtnern, als gegen sie anzukämpfen. Viele Dinge, die man im Gemüsegarten machen könnte, wirst du nach meinem Fahrplan einfach auslassen und dennoch oder vielleicht gerade deswegen eine reiche Ernte einfahren.

ZEIT-SPAR-TIPPS

Mithilfe dieses Buches wird dein Zeit- und Arbeitsaufwand im Gemüsebeet möglichst gering gehalten. Dennoch: Natürlich macht ein Garten Arbeit. Du wirst an ihn denken, wenn es besonders kalt oder heiß ist, du wirst dir eine Ferienvertretung suchen und du wirst höchstwahrscheinlich irgendwann mit Zucchini um dich schmeißen, weil du nicht mehr weißt, wohin damit. Zeit zu sparen, bedeutet nicht, dass du durch deine Gartenaufgaben durchhetzen musst oder das Gemüsebeet nur halbherzige Beachtung bekommt. Mit dem Fokus auf extensive und einfache Gemüsearten und mit einer strukturierten Anlage deines Beetes kannst du im Laufe der Gartensaison auf viele typische Gartenarbeiten verzichten und dem Gemüse beim Wachsen zuschauen. Es gibt viele Dinge im Garten, die du nicht tun musst, und Zeiten, in denen dein Garten ganz von allein wächst und gedeiht.

IST DAS PERMAKULTUR?

Einige Gartenaufgaben fallen weg und die Gartenarbeit wird als ganzheitliches System betrachtet – ist das Permakultur? Ja und nein. Die Prinzipien der Permakultur waren sicherlich eine Inspiration für dieses Buch, jedoch gehen sie noch viel weiter. Wir beschäftigen uns hier einzig und allein mit deinem Gemüsebeet. Doch dein Garten kann so viel mehr beinhalten: Obst- und Nussbäume, essbare Hecken, Ast- und Laubhaufen als Unterschlupf für Tiere. Möchtest du deinen gesamten Garten im Rahmen der Permakultur gestalten, dann benötigst du zu Beginn einiges an Planungsaufwand. Es müssen Erdarbeiten vorgenommen und eventuell Bäume versetzt werden – Permakultur ist die enkeltauglichste Variante, seinen Garten und sein Umfeld für sich und seine Nachkommen zu gestalten. Gute Anregungen zur Gestaltung deines gesamten Gartens über das Gemüsebeet hinaus findest du in Permakultur-Ratgebern.

DEINE SELBSTVERSORGER-ERNTE

Die Versorgung mit eigenem Gemüse ist übrigens auch mit weniger als 30 Aktionstagen gut möglich. Ein Fokus auf extensivem Gemüse und eine Versorgung „nur" mit Kartoffeln, Bohnen und Kürbissen ist möglich, doch um möglichst viele Anbautechniken abzubilden und kennenzulernen und die Gemüsevielfalt zu steigern, werde ich auch spannende intensive Gemüsesorten wie Tomaten vorstellen.

Mit der „Rezeptesammlung" in diesem Buch kannst du lernen, dein Gemüse anzubauen, zu verarbeiten und zu lagern. Der Aktionstag „Abernten vor dem Winter" (siehe Seite 152) ist nur für das Thema „Ernte" vorgesehen. Ich erkläre dir genau, was und wie du erntest. Aber je nach Gemüse gilt das natürlich über die gesamte Vegetationsperiode.

Ganz spannend ist außerdem die Saatguternte. Bei verschiedenem Gemüse kannst du Samen ernten und sicherst so Saatgut aus eigener Produktion für das nächste Jahr.

Viele Beikräuter, wie Brennnesseln, können im Garten sinnvoll und vielfältig eingesetzt werden.

Im Selbstversorger-Garten kannst du jeden Monat die Ernte vielfältiger Gemüsearten genießen.

Fragst du verschiedene Gärtner, wirst du immer unterschiedliche und teilweise widersprüchliche Antworten zu Gartenaufgaben und auch zur Ernte erhalten. Das liegt nicht daran, dass die Gärtner nicht die Wahrheit sagen, sondern daran, dass der Anbau von Fläche zu Fläche unterschiedlich ist und abhängig von äußeren Umständen, nämlich wie das Wetter regional ist, wann es im Durchschnitt Frühling wird, wie die Bodenbeschaffenheit ist und vieles mehr. Eigentlich kann man nur im Groben umreißen, was zu tun ist und worauf geachtet werden muss. Es kann keine 1:1-Anleitung für deinen Garten geben, denn nur du kennst deinen Garten genau. So unterscheiden sich auch die Erntezeitpunkte je nach Klimaregion, Boden, Saatgut und Pflege.

Ernte lieber etwas kleiner als gar nicht. Ich neige manchmal dazu, mein Gemüse im Garten so hübsch zu finden, dass ich den Erntezeitpunkt verpasse. Ist es dann zu spät, dient es nur noch als Futter für die Regenwürmer im Kompost oder die Blüte als Nahrung für die Insekten im Garten.

GARTENRUNDGANG

In den Gemüseporträts findest du Angaben zum Erntezeitpunkt der Gemüsearten.

Einen Rundgang durch deinen Garten, bei dem du neue Gemüsekeimlinge, Blüten und Tiere beobachtest, machst du wahrscheinlich schon ganz intuitiv. Du möchtest bestimmt direkt sehen, was sich seit deinem letzten Gartenbesuch verändert hat und ob vielleicht schon etwas erntereif ist. Zu Beginn der Monate findest du einen kurzen Überblick für deinen Gartenrundgang. Hier habe ich zusammengefasst, was gerade im Garten wichtig ist, welche Ernte- und Pflegemaßnahmen anstehen und welche Arbeiten regelmäßig erledigt werden sollten. Auch wenn es wichtig ist, dass du dir im Vorfeld schon überlegst, was du im Garten machst, solltest du immer den aktuellen Stand vor Ort mitberücksichtigen. Als Gärtnerin oder Gärtner ist also auch eine gewisse Flexibilität vonnöten.

Hast du beispielsweise geplant, ein neues Beet anzulegen, aber du stellst bei deinem Gartenrundgang fest, dass deine aktuellen Pflänzchen viel Aufmerksamkeit durch Hacken, Mulchen, Hochbinden und Gießen benötigen, dann hat die Pflege dieser Pflanzen Priorität. Das gilt auch für deine eigene Zeitplanung: Nimm dir nicht zu viel auf einmal vor.
Ziel ist es, deinen intuitiven Blick auf deine Anbaufläche und den Garten insgesamt zu schärfen, sodass du dich bald ohne Unterstützung im Beet zurechtfindest.

Ein genauer Blick auf deine Pflanzen sagt dir, was du am jeweiligen Tag im Garten zu tun hast.

Die Gemüseporträts

Der Fokus in diesem Buch liegt auf 14 Gemüsearten, die gut für die Erstanlage eines Beetes geeignet sind, zuverlässig gedeihen und gleichzeitig Vielfalt in dein Gemüsebeet und in deine Ernährung bringen. Extensive Gemüsearten, die wenig Pflege benötigen, wie z.B. Kartoffeln, werden durch intensive Gemüsearten wie Tomaten ergänzt. Die Pflege der Gemüsearten innerhalb einer Pflanzenfamilie ähnelt sich, du kannst also die Anbautechniken aus diesem Buch auf weitere Gemüse übertragen und dein gärtnerisches Wissen so ausweiten. Hast du im ersten Jahr Tomaten erfolgreich großgezogen, so kannst du dich im zweiten Jahr an Paprika und Auberginen wagen. Sind deine Roten Bete gewachsen, dann wird dir bestimmt auch der Anbau von Spinat und Mangold leichtfallen.

In den Gemüseporträts findest du Anhaltspunkte, an denen du erkennen kannst, wann dein Gemüse ausgesät, gepflanzt und gepflegt wird. Die richtigen Zeitpunkte zur Aussaat, Pflanzung und Ernte deiner Gemüse hängen dabei jedoch von deiner geografischen Lage sowie von Wetter und Klima im aktuellen Jahr ab.

Ist eine Spannbreite an Monaten zur Aussaat angegeben, dann orientiere dich zusätzlich an den jahresaktuellen Bedingungen. Lebst du in einer kühleren Region, dann wähle einen späten Zeitpunkt innerhalb der Spannbreite. Ist es bei dir schon sehr früh im Jahr warm, kannst du natürlich auch früh mit der Aussaat beginnen.

Solltest du dir unsicher sein, wann die idealen Bedingungen in deinem Garten erreicht sind, dann beobachte deine erste Aussaat bis zur Keimung genau. Sind wenig Samen aufgegangen, ist die Keimrate schlecht und du solltest erneut aussäen.

In den Gemüseporträts kannst du dir einen ersten Überblick über die Gemüsearten verschaffen. Die 30 Aktionstage geben einen detaillierten und übersichtlichen Einblick in die einzelnen Tätigkeiten.

Teste in deinem Garten unterschiedliche Sorten einer Gemüseart in Hinblick auf das Wachstum und den Geschmack und finde so deine Lieblingssorten.

Bohnen sind durch ihre positiven Eigenschaften, z. B. den Stickstoffeintrag in den Boden, beliebte Nachbarn im Mischkulturbeet.

BUSCHBOHNEN

Aussaat: Ende April/Anfang Mai bis Juli 2–3 cm tief mit einem Abstand von 8–10 cm direkt ins Beet säen, an sonnige bis halbschattige Plätze. Bei einer Horstsaat werden 3–5 Samen zusammen in ein Pflanzloch gelegt. Weiche die Bohnen vor der Aussaat für einige Stunden in lauwarmem Wasser ein.

Pflege: Für einen stabilen Stand solltest du die Stängelbasis mit Erde anhäufeln. Mithilfe von Knöllchenbakterien an den Wurzeln können Bohnen Stickstoff aus der Luft binden, eine Düngung ist deshalb nicht unbedingt nötig. Bohnen eignen sich gut als Vorkultur für starkzehrende Gemüsepflanzen.

Krankheiten und Schädlinge: Viren oder Bakterien können zu farblichen Veränderungen und zum Absterben der Pflanze führen. Entferne die befallenen Pflanzen und entsorge sie im Hausmüll. Schwarze Blattläuse können im Mai und Juni auftreten – hier hilft das Besprühen mit Brennnesselsud oder Neemöl.

Ernte: Nach 2–3 Monaten kannst du ernten. Durch regelmäßiges Abernten wird die Pflanze angeregt, weitere Hülsen auszubilden. Ernte am besten jung und klein – so sind sie am zartesten.

Lagerung: Frische Bohnen halten sich im Kühlschrank für eine Woche. Die Samen kannst du trocknen und dunkel einlagern, so halten sie einige Monate und du kannst sie im Folgejahr als Saatgut nutzen. Mehr zur Saatgutgewinnung auf Seite 138.

Sorten: 'Saxa': frühe, dickfleischige Salatbohne mit langen, runden, hellgrünen Hülsen; 'Amethyst': mittelspäte Sorte, violette Bohnenhülsen, für den Balkonanbau geeignet, 60 cm hoch.

Kartoffeln bieten sich besonders als erste Kultur in einem neu angelegten Gemüsebeet an, da sie den Boden gut auflockern.

KARTOFFELN

Aussaat und Pflanzung: Im März lässt du Pflanzkartoffeln (Knollen aus dem Vorjahr) bei 15–20 Grad und viel Licht vorkeimen. Für eine ganzjährige Versorgung mit Kartoffeln plane 30 Knollen pro Person ein. Von April bis Anfang Mai legst du die Knollen mit den vorgekeimten Augen nach oben 10 cm in die Erde mit einem Abstand von 30–40 cm.
Pflege: Häufele deine Kartoffelpflanzen immer wieder an und bedecke die grünen Triebe mit Erde. So werden die wärmeliebenden Pflanzen geschützt. (Anhäufeln, siehe Seite 120) Gießen ist nur in sehr trockenen Sommern alle drei Wochen notwendig.
Krankheiten und Schädlinge: Kartoffeln können von der Kraut- und Braunfäule, einer Pilzkrankheit befallen werden. Wähle zur Vorbeugung ein windexponiertes Beet aus, damit die Blätter nach Regen schnell wieder abtrocknen können. Pflanze nie Tomaten und Kartoffeln zusammen, sie sind beide anfällig für den Pilz. Kartoffelkäferraupen können ganze Pflanzen wegknabbern. Schau bei deinen Gartenbesuchen regelmäßig unter die Blätter und streiche die orangenen Eier, die zwischen Mai und Juni auftreten, ab.
Ernte: Wenn das Kartoffellaub gelb wird, beginnt die Erntesaison. Je nach Sorte kannst du 90–160 Tage nach der Pflanzung ernten. Früh geerntete Kartoffeln mit einer dünnen Schale sind nicht lange lagerfähig. Als Lagerkartoffeln eignen sich spät reifende Sorten.
Lagerung: Lagere deine Kartoffeln trocken, luftig, dunkel und zwischen 5–8 °C. Lege sie in flachen Kisten nebeneinander aus.
Sorten: 'Linda', 'Laura'

Auch im März kannst du noch Knoblauch stecken. Durch die kürzere Wachstumszeit fallen die Knollen etwas kleiner aus.

KNOBLAUCH

Aussaat: Zwischen September und Oktober einzelne Knoblauchzehen in aufgelockerte Erde im Abstand von 15 cm 4–6 cm tief stecken. Die Knolle wird 2–3 Stunden vor der Pflanzung in ihre Zehen geteilt, sodass mögliche Verletzungen im Knoblauchfleisch gut abtrocknen können.

Pflege und Düngung: Knoblauch kann in ein mit Kompost angereichertes Beet gesetzt werden. Eine zusätzliche Düngung nach 2–3 Monaten gibt den Knollen einen Wachstumsschub. Knoblauch benötigt wenig Wasser. Besonders kurz vor der Ernte am besten gar nicht mehr gießen.

Krankheiten und Schädlinge: Durch seine starken ätherischen Öle vertreibt er viele Schädlinge und dient als guter Beetpartner für Erdbeeren, Gurken, Möhren und Tomaten. Die Larven der Lauchmotte fressen kleine Gänge in das Innere der Pflanze und machen sie untauglich. Pflanze am besten nicht zu eng und ernte rechtzeitig.

Ernte: Sobald das Laub im Juni/Juli verwelkt und umknickt, beginnt die Ernte. Ziehe oder grabe die Knollen bei trockenem Wetter vorsichtig aus.

Lagerung: Lege die frisch geernteten Knoblauchpflanzen in der Sonne zum Trocknen aus oder lagere sie grob aufgefächert in einem trocknen Raum. Lagere den Knoblauch trocken, dunkel und nicht neben Obst.

Sorten: 'Arno', 'Polish Softneck', 'Thermodrome'. Achte darauf, dass dein Pflanzknoblauch aus dem europäischen Raum ist, da er dann deinen klimatischen Bedingungen besser angepasst ist. Möglicherweise kannst du auch Saatgut mit Freunden tauschen.

Kohlrabi sind eine der ersten Kulturen, die in deinem Garten erntereif sind, und schmecken frisch geerntet unvergleichlich süß.

KOHLRABI

Aussaat/Pflanzung: Jungpflanzen ab März an einen sonnigen Platz in nährstoffreiche, mit Kompost angereicherte Beete setzen. Pflanze sie nicht tiefer ein, als sie im Pflanztopf stehen, da sich sonst die essbare Verdickung des Stängels nicht ausbilden kann.

Pflege und Düngung: Lege bei der Pflanzung direkt einen Gießring an, dann ist das Wässern einfacher. Kohlrabi braucht regelmäßige Wassergaben, sonst können die Knollen aufplatzen. Als Mittelzehrer können sie nach der Pflanzung mit einem leichten Flüssigdünger wie Brennnesseljauche versorgt werden.

Krankheiten und Schädlinge: Kohlrabi ist sehr beliebt bei Vögeln und Schnecken. Setze um die jungen Pflänzchen Pflanzringe damit die Schnecken nicht drankommen. Gegen Vögel helfen Kulturschutznetze und Flatterbänder. Bei späteren Pflanzungen können Blattläuse an den Herzblättern auftreten. Streife sie beim ersten Auftreten mit einem Taschentuch ab.

Ernte: Nach etwa 10–12 Wochen sind Kohlrabi erntereif. Ernte die Knollen mitsamt Stiel, da sich sonst Kohlkrankheiten leicht im Boden ausbreiten können. Die harten Wurzeln können kompostiert werden.

Lagerung: Kohlrabi sind ohne Verarbeitung im Kühlschrank im Gemüsefach bis zu zwei Wochen lagerfähig. Die Lagerzeit verlängert sich, wenn die Blätter abgeschnitten werden. Die zarten, inneren Herzblätter der Kohlrabi sind essbar und schmecken roh im Salat oder kurz mitgegart in der Gemüsepfanne.

Sorten: Weiße Knollen: 'Superschmelz', 'Noriko'; blaue Knollen: 'Azur Star', 'Delikatess Blauer'

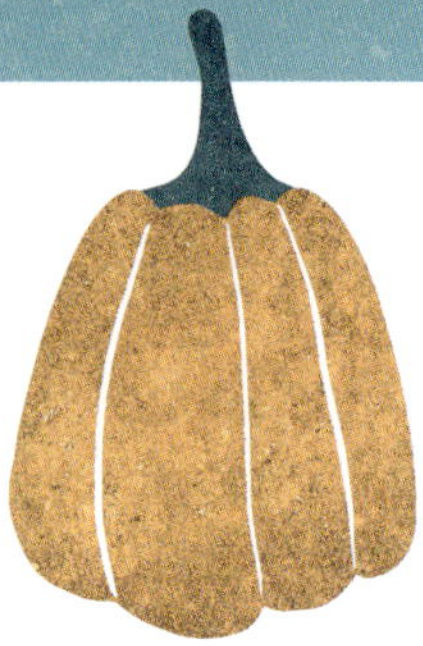

Kürbisse versüßen dir durch ihre lange Lagerfähigkeit den Herbst und Winter. Teste neben dem Hokkaido auch andere Sorten.

KÜRBIS

Aussaat/Pflanzung: Mitte Mai bis Mitte Juni 3–4 cm tief im Abstand von 1–2 m aussäen oder Jungpflanzen setzen. Bei der Pflanzung kannst du mit einem kleinen Trick deine Kürbispflanze in die von dir gewünschte Richtung lenken, denn sie wächst entgegen der Richtung, aus der das erste Blatt entsprungen ist.
Pflege und Düngung: Kürbisse sind Starkzehrer und lieben eine nährstoffreiche Erde, sie wachsen direkt auf dem Kompost besonders üppig. Dünge den Kürbis regelmäßig mit einem Flüssigdünger wie Brennnesseljauche. Gegen Ende der Saison kappst du die Triebspitzen. Dadurch wird die Kraft der Pflanze in die Früchte gelenkt.
Krankheiten und Schädlinge: Gegen Wachstumsende tritt oft Mehltau auf den Blättern auf; ernte jetzt die Früchte. Zu Beginn des Befalls entfernst du am besten die stark befallenen Blätter und entsorgst sie im Hausmüll. Gesäte Kulturen werden im Vergleich zu gepflanzten Kürbissen einige Wochen später von Mehltau befallen.
Ernte: Um zu erkennen, ob ein Kürbis reif und länger lagerfähig ist, musst du einmal bei ihm anklopfen. Klingt es hohl, ist sein Stiel verholzt und die Schale verdickt, ist es so weit: Du kannst ihn ernten und über mehrere Monate lagern.
Lagerung: Wähle ein lauwarmes Plätzchen von über 10 °C mit geringer Luftfeuchtigkeit. Kürbisse können in Netzen aufgehängt oder liegend gelagert werden. Liegen sie in Kisten, dann aber bitte regelmäßig wenden.
Sorten: 'Hokkaido', 'Butternut', 'Spaghetti', 'Baby Bear'

Durch seine bunten Stiele fällt Mangold im Gemüsebeet auf und wird auch häufig in Staudenbeeten zur Zierde eingesetzt.

MANGOLD

Aussaat: Von März bis Juni 2–3 cm tief und mit einem Abstand von 10–20 cm in der Reihe aussäen. Einige Sorten kannst du auch noch im Juli aussäen.

Pflege und Düngung: Mangold freut sich über regelmäßige Wassergaben, die Erde sollte nicht austrocknen. Mangold ist ein Mittelzehrer. Das Beet sollte zu Beginn der Saison ausreichend Nährstoffe enthalten, aber es muss nicht nachgedüngt werden.

Krankheiten und Schädlinge: Generell ist Mangold eher robust gegenüber Krankheiten und Schädlingen. Ende Mai können sich Blattläuse breitmachen. Locke Nützlinge an oder nutze die Tipps von Seite 100. Bei unregelmäßiger Ernte werden die äußeren Blätter bitter und gelblich. Du kannst sie abbrechen und als Mulch nutzen.

Ernte: Mangold gehört zu den nachwachsenden Gemüsearten. Du kannst regelmäßig die äußeren Blätter ernten, aus der Mitte wachsen dann neue Blätter nach. Lässt du einige Pflanzen stehen, blühen sie und du kannst im zweiten Jahr Saatgut ernten (siehe Seite 138).

Lagerung: Im Kühlschrank oder in einem Glas mit Wasser halten sich die Blätter wenige Tage frisch. Du kannst Mangold klein schneiden, blanchieren und einfrieren, frisch für Quiches verwenden.

Sorten: Es gibt Blattmangold und Stielmangold, die jeweils mehr Blattmasse oder einen kräftigeren Stiel entwickeln.

Blattmangold: 'Grüner Schnitt', 'Charlie', 'Ewiger Spinat'

Stielmangold: 'White Silver', 'Bright Yellow', 'Feurio', 'Lucullus', 'Walliser', 'Glatter Silber'

Bei vielen Pflücksalaten können die äußeren Blätter gepflückt oder der Kopf geschnitten werden.

PFLÜCKSALAT

Aussaat: Pflücksalate können im Januar/Februar vorgezogen oder von März bis April und von August bis September direkt ins Beet gesät werden. Salate sind Lichtkeimer und dürfen nur mit sehr wenig Erde bedeckt werden. Achte auf einen Abstand von etwa 20 cm zwischen den Salaten. Schnittsalat-Mischungen kannst du breitwürfig aussäen.

Pflege und Düngung: Pflücksalate sind sehr genügsam und kommen mit wenigen Nährstoffen im Beet gut aus. Du kannst sie gut als Lückenfüller einsetzen. Sie benötigen besonders kurz nach der Pflanzung regelmäßige Wassergaben. Rote Pflücksalate sind robuster gegenüber Hitze und Schädlingen.

Krankheiten und Schädlinge: Die jungen und zarten Salatblätter werden gerne von Vögeln oder Schnecken gefressen. Hier können Flatterbänder oder ein Kulturschutznetz Abhilfe schaffen. Damit die Salate von unten nicht faulen, sollten sie nicht zu eng auf der Erde sitzen und auch nicht gemulcht werden.

Ernte: Pflücksalate werden von außen nach innen geerntet. Lass die innersten Blätter aber immer stehen, damit sich die Pflanze regenerieren kann. In der Mitte der Pflanze wachsen nämlich stetig neue Blätter nach. Wenn du morgens erntest, dann sind die Blätter noch knackig und haben viel Wasser gespeichert.

Lagerung: Salate lassen sich nicht lange lagern und schon nach wenigen Tagen im Kühlschrank verlieren sie ihre Nährstoffe. Hast du dennoch eine hohe Ernte, kannst du aus den würzigen Asiasalat-Blättern Pesto herstellen und einfrieren.

Sorten: 'Lollo Rosso', 'Mizuna', 'Grün im Schnee'

Ernte Radieschen rechtzeitig, damit sie nicht verholzen oder von Schnecken entdeckt werden.

RADIESCHEN

Aussaat: Radieschen kannst du im Februar bis August aussäen. Sie eignen sich gut als Lückenfüller im Beet oder als Markiersaat (siehe Seite 68), Saattiefe 1 cm. Säst du alle 3–4 Wochen aus, dann hast du das ganze Jahr über frische Radieschen.
Pflege und Düngung: Radieschen gehören zu den anspruchslosen Gemüsearten und benötigen keinen Dünger oder Kompost. Dein Boden sollte möglichst feinkrümelig und ohne große Pflanzenreste und Mulch sein. Während des Wachstums braucht das Gemüse regelmäßige Wassergaben, sonst werden die Knollen holzig und schmecken fade. Stehen Radieschen zu eng, solltest du sie nach 2 Wochen auf 3–5 cm vereinzeln. Beim Auslegen eines Saatbands ist das nicht nötig.
Krankheiten und Schädlinge: Radieschen sind bei Schnecken und verschiedenen Insekten beliebt. Mit einem Kulturschutznetz dämmst du zumindest einen Insektenbefall ein. Kleine Fraßlöcher in den Blättern deuten auf den Erdfloh hin. Die Radieschen sind dennoch essbar. Radieschen gehören zu den Kohlgewächsen, achte auf die Fruchtfolge und säe sie nicht jedes Jahr im gleichen Beet aus.
Ernte: In Abhängigkeit von der Temperatur kannst du nach etwa 3–4 Wochen ernten. Radieschen aus dem Freiland sind übrigens meist schärfer, da sie mehr gesunde Senföle enthalten.
Lagerung: Im Gemüsefach vom Kühlschrank halten Radieschenknollen ohne Grün mehrere Tage. Die Blätter von Radieschen sind essbar und lassen sich zu einem würzigen Pesto verarbeiten.
Sorten: 'Sora', 'Rudi'

Neben Roter Bete gibt es auch gelbe, weiße und geringelte Bete, die milder im Geschmack sind.

ROTE BETE

Aussaat/Pflanzung: Für die Sommerernte säst du Rote Bete im März und April, für die Herbsternte und Lagerung im Mai und Juni; Saattiefe 2–3 cm, Abstand in der Reihe 5–10 cm. Stehen die Pflanzen zu eng, kannst du sie wenige Wochen nach der Keimung ausdünnen und vorsichtig umpflanzen. Ein sonniger bis halbschattiger Standort ist ideal. Es ist genauso gut möglich, Rote Bete auszupflanzen.

Pflege und Düngung: Vor der Pflanzung kannst du eine 2–3 cm dicke Kompostschicht auf dem Beet verteilen. Die Nährstoffe werden nach und nach freigesetzt und sorgen für ein gutes Wachstum. Rote Bete sollte nicht mit Flüssigdüngern nachgedüngt werden, da sie sonst dazu neigt, bitter zu werden. Regelmäßig gießen und hacken fördern das Wachstum der Rote Bete.

Krankheiten und Schädlinge: Schädlinge treten selten auf. Pilzkrankheiten vermeidest du, indem du die Pflanzen nicht zu eng setzt und die Blätter so schneller abtrocknen können.

Ernte: Nach etwa 90–110 Tagen haben die Knollen eine gute Größe erreicht und sind erntereif. Auch die Rote-Bete-Blätter sind essbar.

Lagerung: Für den Wintervorrat sollten bis Ende Oktober alle Knollen mitsamt der Wurzel aus dem Boden gezogen werden. Für die Lagerung schneidest du die Blätter 2–3 cm über der Wurzel ab und lagerst die Kugeln in Sand oder in einer Erdmiete ein. In milden Klimaregionen kannst du Rote Bete auch im Beet mit einer dicken Mulchschicht überwintern.

Sorten: 'Rote Kugel', 'Forono', 'Bernstein'

Im ersten Gartenjahr empfiehlt sich der Kauf von vorgezogenen Kohl-Jungpflanzen für einen Ernteerfolg.

ROTKOHL

Rotkohl dient hier als Beispiel für andere Kohlarten wie Weißkohl, Wirsing, Brokkoli und Blumenkohl, die im Beet ähnliche Bedürfnisse an Nährstoffen und Pflege haben.

Aussaat/Pflanzung: Im April kannst du Rotkohlsamen direkt ins Beet säen; Saattiefe 1 cm, Abstand in der Reihe 50 cm. Kaufst du Jungpflanzen oder ziehst sie vor, kommen sie ins Beet, wenn zwei Blattpaare gewachsen sind. Späte Sorten können auch im Juli noch problemlos gesetzt werden.

Pflege und Düngung: Häufele die Stiele der Pflanzen mit Erde an, sie stehen dann stabil im Boden. Bei der Pflanzung wird gut gegossen, danach bildet der Kohl kräftige Wurzeln, die ihm eine Versorgung mit Wasser aus den Tiefen ermöglichen. Kohl zählt zu den Starkzehrern, versorge ihn gut, z. B. mit Brennnesseljauche (siehe Seite 82). Beim Düngen wird immer gleichzeitig gegossen.

Krankheiten und Schädlinge: Thymian neben den Kohlpflanzen vertreibt Schnecken und den unbeliebten Kohlweißling. Der Kohlweißling ist ein weißer Schmetterling, der seine Eier auf die Unterseite von Kohlpflanzen setzt. Ein Kulturschutznetz über den Kohlpflanzen schützt vor der Eiablage des Schädlings.

Ernte: Die Ernte beginnt je nach Pflanzzeit schon im Juni. Erntereif ist der Rotkohl, wenn er einen festen und geschlossenen Kohlkopf ausgebildet hat.

Lagerung: Möchtest du deinen Rotkohl nicht direkt verarbeiten, dann kannst du ihn kopfüber aufhängen. So vermeidest du Druckstellen.

Sorten: 'Granat', 'Marner Frührotkohl', 'Kalibos'

Für eine Befruchtung der Blüten kannst du die Tomatenrispen regelmäßig anstupsen. Das imitiert den Flügelschlag von Insekten.

TOMATEN

Aussaat: Ab März setzt du Tomatensamen 0,5 cm tief in Aussaaterde und direkt in einzelne Anzuchttöpfe ein. Bis Mitte Mai bleiben die Jungpflanzen im Haus, dann werden sie bis zum ersten Blattpaar tief in nährstoffreiche Gartenerde gesetzt.

Pflege und Düngung: Tomaten, wie Fleischtomaten, Cocktailtomaten, Stabtomaten und Romatomaten, werden an Rankstäben oder -gittern in die Höhe geleitet. Buschtomaten und Wildtomaten kommen ohne Rankhilfe aus. Dünge deine Tomaten regelmäßig mit Brennnesseljauche (siehe Seite 82), Gesteinsmehl und einem NPK-Dünger für die Blüten- und Fruchtentwicklung. Tomaten sollten regelmäßig gegossen werden. Sind die Pflanzen etwa 1 m hoch, kannst du mit der Entblätterung und dem Ausgeizen beginnen (mehr auf Seite 122).

Krankheiten und Schädlinge: Tomaten werden am häufigsten von der Kraut- und Braunfäule befallen. Pflanze Tomaten nie neben Kartoffeln und achte auf eine ausreichende Luftzirkulation. Es können auch verschiedene Nährstoff-Mangelerscheinungen auftreten. Platzen die Früchte auf, kann Kalium fehlen.

Ernte: Etwa 60 Tage nach der Befruchtung der Blüte sind die Tomaten erntereif. Ernte deine Tomaten regelmäßig ab.

Lagerung: Bleiben die Früchte an den Rispen, halten sie länger. Auch grüne Früchte können gegen Ende der Saison geerntet werden und reifen zu Hause nach. Tomaten sind trocken und dunkel gelagert mehrere Wochen haltbar.

Sorten: Fleischtomaten, Wildtomaten wie 'Rote Ribisel' und 'Gelbe Johannisbeere', Cherrytomaten

Durch versetzte Aussaat und Pflanzung der Zucchinipflanzen kannst du die Ernteperiode verlängern.

ZUCCHINI

Aussaat: Zucchini kannst du ab Ende April vorziehen oder ab Mitte Mai direkt ins Beet säen, Saattiefe 2–3 cm, Abstand zwischen den Pflanzen 150 cm. Markiere die Aussaatstelle – keimt der Samen nicht, kannst du Anfang Juni nachsäen.
Pflege und Düngung: Zucchini sind Starkzehrer und benötigen regelmäßig im Laufe der Saison Dünger und ausreichend Wasser. Für eine zuverlässige Befruchtung solltest du mindestens 2 Zucchinipflanzen im Garten anbauen.
Krankheiten und Schädlinge: Gegen Ende der Saison stellt sich fast immer Mehltau ein. Ab Anfang August kannst du erste befallene Blätter rausschneiden und den Verfall der Pflanze hinauszögern. Zu Beginn der Blütenbildung und je nach Wetter kann es durch ein Ungleichgewicht zwischen männlichen und weiblichen Blüten an der Pflanze zu einer geringen Fruchtbildung kommen.
Ernte: Zucchini sind bei der Ernte noch unreif. Der ausgereifte Zustand ähnelt geschmacklich einem Kürbis. Je kleiner du die Früchte erntest, umso zarter ist der Geschmack. Kleine Zucchini kannst du einfach mit der Hand von der Pflanze abdrehen, größere solltest du mit einem Messer abschneiden. Probiere vor der Verarbeitung jede Frucht. Schmeckt sie außergewöhnlich bitter, sind wahrscheinlich Giftstoffe eingelagert und die Zucchini muss unbedingt entsorgt werden.
Lagerung: Außerhalb des Kühlschranks gelagert halten sich frische Zucchini etwa 2 Wochen.
Sorten: 'Gold Rush', 'Cocozelle', 'Tondo chiaro di nizza' (robust), 'Ronde de Nice' (runde Früchte)

Die Samen von Zuckerschoten sowie Erbsen und Bohnen werden gerne von Vögeln herausgepickt. Schütze deine Aussaat gut.

ZUCKERSCHOTEN

Aussaat: Zuckerschoten wachsen am besten, wenn sie direkt ins Beet an einen luftigen, sonnigen Platz gesät werden; Aussaattiefe 2–3 cm, Abstand in der Reihe 10 cm. Du kannst von März bis Mai immer wieder neu aussäen und deine Ernteperiode so verlängern. Zuckerschoten sind eine gute Vorkultur, sollten aber alleine stehen.
Pflege und Düngung: Rankgitter und -spaliere, an denen sich die Zuckerschoten hochranken können, solltest du schon vor der Aussaat aufstellen. In der Wachstumsphase solltest du nicht zu viel gießen, sonst bilden sich vorrangig viele Blätter aus. Erst beim Blütenwachstum wird mehr Wasser benötigt.
Krankheiten und Schädlinge: Zuckerschoten sollten nur etwa alle 5 Jahre auf der gleichen Beetfläche angebaut werden, sonst kann verfrüht Mehltau auftreten.
Ernte: Etwa 80 Tage nach der Aussaat beginnt die Ernte der jungen, kleinen Hülsen. Je mehr und regelmäßiger du erntest, umso mehr Hülsen werden nachgebildet. Direkt von der Pflanze genascht, sind die Schoten am süßesten, später verwandelt sich der Zucker in Stärke und der typisch süße Geschmack geht ein wenig verloren. Schneide nach der Ernte die Pflanzen über dem Boden ab. Die Wurzeln bleiben in der Erde.
Lagerung: Zuckerschoten halten sich 1–2 Tage, eingewickelt in ein feuchtes Tuch, im Kühlschrank. Alternativ kannst du sie kurz blanchieren und einfrieren, sie verlieren dann aber ihre Knackigkeit. Am besten schmecken sie aber frisch.
Sorten: 'Ambrosia', 'Schweizer Riesen', 'Blauwschokker'

Setze deine Steckzwiebeln nicht zu eng, da sich sonst Krankheiten wie Mehltau schneller entwickeln und ausbreiten können.

ZWIEBELN

Aussaat/Pflanzung: Im März oder September/Anfang Oktober kannst du Steckzwiebeln in aufgelockerten, luftigen Boden stecken; ein kleiner Teil der Spitze sollte noch herausschauen. Der Abstand in der Reihe sollten 5–10 cm betragen.
Pflege und Düngung: Zwiebeln sind anspruchslos und schützen sogar andere Pflanzen vor Schädlingen. Bei der Pflanzung und einige Tage danach solltest du gießen, ansonsten nur bei länger anhaltender Trockenheit. Zwiebeln benötigen keine Düngung.
Krankheiten und Schädlinge: Zwiebeln sind gute Nachbarn in einer Mischkultur, z.B. mit Möhren. Zwiebeln können von der Zwiebelfliege befallen werden. Die Larven fressen Gänge in die Zwiebel und machen sie ungenießbar. Bei Befall solltest du die kranken Pflanzen entfernen und im Hausmüll entsorgen. Zur Vorbeugung eignet sich ein Kulturschutznetz.
Ernte: Zwischen Juli und August ist Erntezeit. Ist das Laub noch grün, kannst du das Gemüse als Frühlingszwiebel nutzen. Verwelkt das Laub und knickt um, kannst du die Zwiebeln ernten. Die Schale sollte schon sichtbar abgetrocknet sein. Ernte deine Zwiebeln bei trockenem Wetter und lege sie für einige Tage zum Trocknen aus.
Lagerung: Nach der Ernte kannst du deine Zwiebeln in Zöpfen oder Bündeln zusammenbinden und luftig und kühl aufhängen. So können sie bis zum nächsten Frühjahr gelagert werden. Sie gehören zu den Gemüsen mit der längsten Lagerdauer.
Sorten: 'Stuttgarter Riesen', 'Sturon', Schalotte 'Red Sun'; für die Herbstsaison 'Presto', 'Roter Winter'

AKTIONSTAGE

Jetzt kannst du loslegen und dein eigenes Gemüse anbauen. Du wirst schnell merken, wie viel Freude du bei den Aktionstagen haben wirst. Und dann erst das Ernten und Verarbeiten – das macht richtig viel Spaß.

30 Aktionstage

Gärten unterscheiden sich nicht nur in der Größe, da gibt es unterschiedliche Licht- und Bodenverhältnisse, die Temperaturen im Jahresverlauf, Wind und Niederschläge, die ganz verschieden sein können. Je nach Höhenlage kann sich z.B. der Aussaatbeginn von Radieschen um 2 Wochen verschieben. All das spielt beim Gemüseanbau eine nicht zu unterschätzende Rolle und sollte vor der Auswahl der Arten und dem Beginn der Aktionen bedacht werden. Besondere Bedingungen sind außerdem bei Hanggärten gegeben.

Sonne oder Schatten? Das ist auch eine wichtige Frage. Gibt es viele schattige Flächen oder liegt der Garten sonnig? Es lohnt sich, das passende Gemüse auszusuchen, das unter den gegebenen Bedingungen gut wächst.

WICHTIGES GUT: DER BODEN

Ein besonderes Augenmerk braucht dein Boden, denn in und auf ihm wachsen die Pflanzen, die dich mit Nahrung versorgen sollen. Die Bodenart kannst du auch selbst bestimmen, dazu feuchtest du etwas Erde leicht an und versuchst dann, Rollen daraus zu formen. Sind große Teilchen drin und die Erde zerfällt in deinen Händen, dann hast du einen sehr sandigen Boden. Funktioniert das Rollen sehr gut, dann hast du einen tonhaltigen Boden. Zwischen Sand und Ton gibt es einige Zwischenstufen. Reine Sandböden können zwar Nährstoffe und Wasser nicht gut speichern, werden jedoch schnell warm, sodass du früh pflanzen und säen kannst. Wurzeln bekommen in einem sandigen Boden ausreichend Luft, das ist besonders für Wurzelgemüse wie Möhren vorteilhaft. Für Pflanzen, die viel Wasser und Nährstoffe brauchen, ist ein sandiger Boden nicht ideal. Tonige Erde, also die Erde, die du gut formen kannst, hat einen hohen Nährstoffgehalt. Allerdings sind die Tonpartikel so dicht beieinander, dass die Wurzeln oft gar nicht richtig an die Nährstoffe kommen. Eine Durchmischung der oberen Erdschicht mit Kompost kann tonhaltigen Boden auflockern sowie sandigen Boden anreichern und den Gemüseanbau dadurch auf beiden Flächen ermöglichen.

Die meisten Böden sind eine Mischung, tendieren aber manchmal in die tonige oder sandige Richtung. Bevor du mit den einzelnen Aktionen beginnst, solltest du im Herbst oder frühen Frühjahr eine Bodenprobe entnehmen und in ein Bodenlabor schicken. Im Serviceteil findest du dazu Informationen. Neben den Ergebnissen bekommst du dann auch Empfehlungen zur Bodenverbesserung und Düngung.

UND JETZT: ACTION

In diesem Buch werden das Gartenjahr und der Anbau von Gemüse anhand von 30 Aktionstagen dargestellt. Einige dieser Aktionstage sind eher Aktionsmomente, da sie schon in 30–60 Minuten erledigt sind. Andere sind kleine oder größere Projekte, wie z.B. neue Gartenelemente im Garten integrieren. Manche Aktionstage kannst du gut mit anderen kombinieren und so Zeit sparen. Zu Beginn jedes Kapitels findest du eine Zeitangabe, wie lange die Aktion ungefähr dauern wird.

Du kannst zu jedem Zeitpunkt mit deinem Gemüsebeet starten. Die Aufteilung in Monate in diesem Buch bietet dir aber einen möglichen Fahrplan und eine Orientierungshilfe.

Entscheidest du dich, im Juli mit deiner Gartenreise zu starten – dann GO FOR IT. Lege Beete an und säe die ersten Wintergemüse aus.

Gemeinschaftlich gärtnern

Für mich ist Gartengemeinschaft sehr wichtig und ich freue mich, wenn es gemeinsame Garten-Aktionstage mit Freunden oder der Familie gibt. Damit auch du eine Idee davon bekommst, bei welchen Aktivitäten eine helfende Gartenhand Sinn macht, gibt es dazu eine Info in der Einleitung zu den monatlichen Gartentagen. Als Gartenneuling kannst du beim gemeinschaftlichen Gärtnern eine Menge von den anderen lernen, die schon länger im Garten arbeiten. Außerdem können mehr verschiedene Gemüse und Sorten ausprobiert werden, z.B. auch mal Außergewöhnliches wie Kichererbsen oder Sojabohnen, für die du im eigenen kleinen Garten vielleicht keinen Platz hast. Ein Highlight in vielen Gemeinschaftsgärten ist natürlich die Erntezeit, die meistens mit einem Erntefest gekrönt wird. Gemeinsam kochen, essen und vom nächsten Gartenjahr träumen, das ist wunderbar.

Ich habe versucht die Kapitel so strukturiert und einfach wie möglich darzustellen. Dennoch macht es wie bei jedem ausführlichen Rezept Sinn, sich die Anleitung einmal vor der Durchführung durchzulesen, die „Zutaten" bereitzulegen und anschließend mit der „Zubereitung" zu starten.

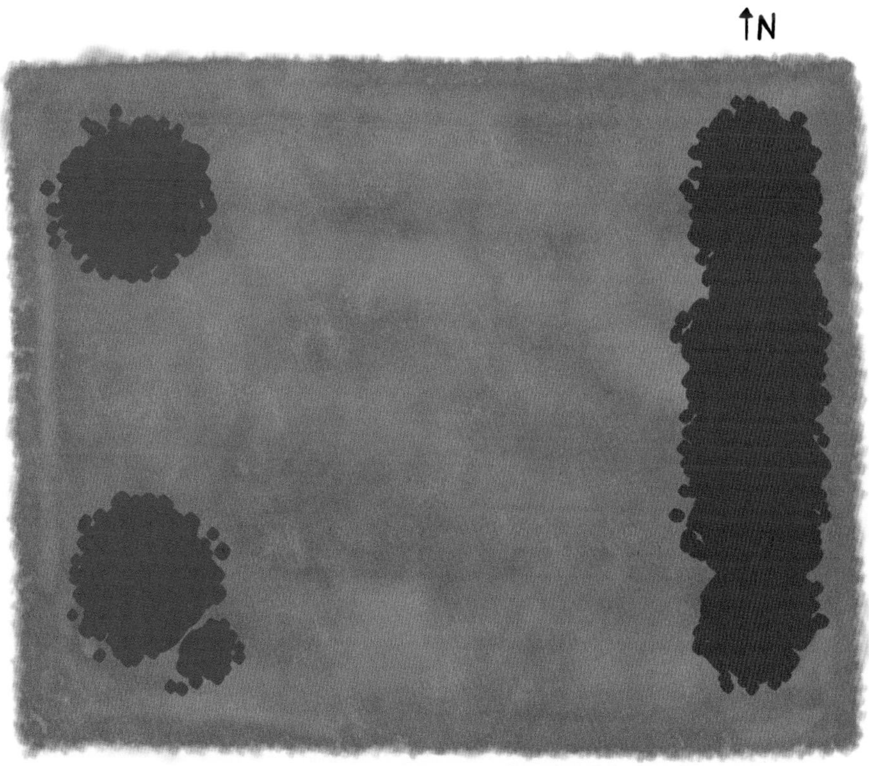

In einem „leeren" Garten geben dir Strukturen wie Bäume erste Anhaltspunkte für die Planung.

JANUAR

Aktionstage im Januar

Die Natur hält Winterschlaf, vielleicht liegt Schnee und die Beete sind mit einer wärmenden Decke geschützt. Bei deinem Gartenrundgang kannst du Äste von der Schneelast befreien, damit sie nicht abbrechen, und Pflanzen gießen, wenn die Erde im Topf oder im Boden kein Wasser abbekommt.

Aktionstag 1: Selbstversorgung ohne Garten steht auf dem Plan. Wo kannst du Gemüse anbauen, wenn du keinen eigenen Garten hast? Such dir eine geeignete Fläche.

Aktionstag 2: Du erkundest deine Gemüsegartenfläche: Wie ist die Lage, Sonneneinstrahlung, wie sind die vorherrschenden Temperaturen? Du machst einen Bodencheck und entnimmst eine Bodenprobe.

Aktionstag 3: Im Januar wird damit begonnen, die Beetfläche zu markieren und die Beete in deinem Garten anzulegen.

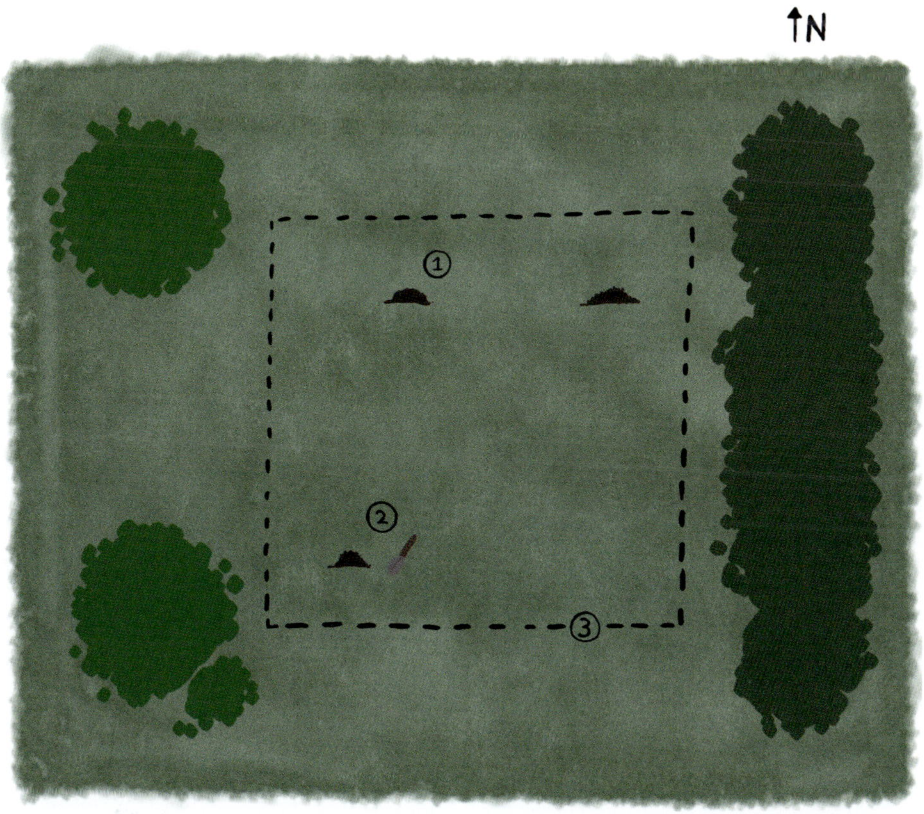

TAG 1:

KEIN GARTEN? TROTZDEM SELBSTVERSORGUNG!

Solltest du keinen eigenen Garten für den Gemüseanbau zur Verfügung haben, dann hast du hiermit einen Extra-Arbeitstag: Du suchst nach deiner Fläche für den Gemüseanbau. Such doch mit Freunden gemeinsam oder schau dich nach einem Gemeinschaftsgarten um.

3–6 Stunden

Gemeinschaftsaufgabe

HIER KANNST DU GEMÜSE ANBAUEN:

- ✓ *Balkon, Vorgarten, Wintergarten*
- ✓ *Gärten von Verwandten*
- ✓ *Gemeinschaftsflächen in der Nähe*
- ✓ *Gärten von (älteren) Nachbarn*
- ✓ *Mietgärten*
- ✓ *Flächen an der Schule oder Kita deiner Kinder*
- ✓ *Dachterrasse*
- ✓ *Landwirtschaftliche Flächen in deiner Nähe*
- ✓ *Hochbeete auf Terrasse*
- ✓ *Grünpatenschaften von städtischen Beeten*
- ✓ *Schrebergärten*

Stehst du in deinem Garten vor begrenzten Flächen und kannst dir nicht auf einer großen Wiesenfläche ein Stück für den Gemüseanbau aussuchen? Alle Flächen, die mindestens 60 cm breit sind, kannst du für den Gemüseanbau nutzen. Schmaler sollte dein Beet nicht sein, da deine Pflanzen ausreichend Erdvolumen für die Nährstoff- und Wasseraufnahme

FRAG NACH

Informiere dich über nebenan.de, ebay Kleinanzeigen oder suche nach Mietgartenanbietern wie *meine ernte*, die in Stadtnähe Gemüsefläche für Hobbygärtner zur Verfügung stellen.

benötigen. Der Vorteil, dass du draußen gärtnerst, ist ja, dass deine Pflanzen von allein wachsen und weniger Arbeitsaufwand benötigen. Ist dein Beet aber so klein wie ein großer Topf auf dem Balkon, dann geht dieser Effekt verloren. Vielleicht wird es auch eine Kombination verschiedener Flächen sein, sodass du deine Kartoffeln bei einem Landwirt in deiner Nähe anbauen kannst und deine Salate in Hochbeeten am Bürogebäude.

GEMEINSCHAFTSGÄRTEN

Fast in jeder größeren Stadt, zum Teil auch auf dem Land gibt es Gärten, die viele Menschen gemeinsam bewirtschaften. Die einen sind Teil eines sozialen Projekts, bei anderen kannst du dir Gemüseflächen mieten, wieder andere werden wie in einer großen Familie geführt.

Wenn du Interesse an einem solchen Projekt hast, hast du mehrere Möglichkeiten: Entweder du nimmst Kontakt zu einem schon bestehenden Gemeinschaftsgarten in deiner Nachbarschaft auf oder du fragst einfach deine Freunde und Nachbarn, ob ihr nicht gemeinsam eine kleine Fläche suchen und euer eigenes Gartenprojekt starten wollt. Eine weitere Option sind Kleingartenvereine. Hier gibt es die Möglichkeit, gemeinsam einen Schrebergarten zu pachten.

Willst du selbst einen Gemeinschaftsgarten anlegen, so eignen sich Baulücken, brachliegende Flächen oder Innenhöfe von Häuserblocks. Dächer von Tiefgaragen, Randbereiche von öffentlichen Grünflächen sind auch sehr gut nutzbar. Halte die Augen offen, und wenn du eine Fläche gefunden hast, dann versuche im ersten Schritt den Eigentümer der Fläche zu ermitteln und anzusprechen. Städte und Gemeinden sowie Kirchengemeinden verpachten Grundstücke bei einer gemeinwohlorientierten Nutzung übrigens häufig kostenlos. Außerdem kannst du in Schulgärten oder Kindergärten mithelfen und die neue Generation beim Gärtnern und Lernen begleiten.

Auch direkt in der Stadt gibt es zahlreiche nutzbare Flächen für den Gemüseanbau. Hochbeete bieten sich für die Nutzung versiegelter Flächen an.

In Gemeinschaft mit anderen begeisterten Gärtnerinnen lassen sich auch größere Gartenprojekte umsetzen. Darauf kann man auch mal anstoßen.

TAG 2:

FLÄCHENERKUNDUNG UND BODENCHECK

Du hast deine Fläche gefunden? Dann beginnt schon die praktische Umsetzung. Die Lage deiner Gartenfläche und die Qualität des Bodens stellen eine wichtige Grundlage dar. Nimm dir heute Zeit zum Träumen, Einteilen und für den Bodencheck.

2 Stunden; so lange musst du warten: 2 Wochen

eine Person oder Gemeinschaftsarbeit

DAS BRAUCHST DU:

- ✓ *Kompass(-App)*
- ✓ *Maßband*
- ✓ *Zettel und Stift*
- ✓ *Spaten oder kleine Handschaufel*
- ✓ *Kleiner Eimer*
- ✓ *Plastik-Zippbeutel oder Probenentnahme-Set aus dem Labor*

Damit du direkt auf den Gemüseacker kannst, wirst du heute den idealen Standort für deine Beetfläche ausfindig machen, die verfügbare Flächengröße bestimmen und eine Bodenprobe entnehmen. Planst du, Hochbeete mit zugekaufter Erde aufzustellen, dann entfällt die Bodenprobe. Um den Pflanzen von Anfang an optimale Wachstumsbedingungen zu bieten, solltest du auf die Tipps von Aktionstag 3 Beetplanung (Seite 40) achten.

TRÄUMEN ERLAUBT

Jetzt ist Träumen erlaubt! Nimm dir Zeit – setze dich vielleicht auf deine Wiese, die bald ein Gemüsebeet sein soll, schließe deine Augen und male dir aus, wie dein Traum-Gemüsegarten aussehen soll. Welche Gemüse wachsen dort? Gibt es eine Kräuterecke? Hast du unzählig viele verschiedene Gemüsesorten über die Saison verteilt oder sitzt du in deinem zukünftigen Tomatendschungel? Wen siehst du in der Erde wühlen und die Beikräuter zupfen? Und was möchtest du alles aus deiner Ernte zubereiten? Schmecken deiner Familie und deinen Freunden die eingeplanten Kohlrabi überhaupt?

Augen wieder auf! Jetzt hast du ein „Ziel-Bild", wie dein Garten aussehen soll und was es zu bedenken gilt. Gerade bei der Wahl der Gemüsearten solltest du überlegen, ob auch andere Hausbewohner, Familienmitglieder, Freunde und Verwandte, die du mit Gemüse beglücken möchtest, dein geliebtes Gemüse gerne essen. Der nächste Schritt: Wir erarbeiten die notwendigen Schritte auf dem Weg zum Traum-Gemüsegarten. Du wirst feststellen, wie schnell du ins Tun kommst und schon ganz bald in deine erste ungewaschene und süße Zuckerschote beißen kannst.

BEETFLÄCHE ERKUNDEN

Die ideale Gemüsebeetfläche liegt sonnig, da (fast) alle Gemüsearten die Sonne lieben. Besonders die beliebten Tomaten, Gurken und Paprika bilden sich an einem sonnigen Standort herrlich aus und entwickeln einen kräftigen Geschmack. Um festzustellen, ob deine Beetfläche ausreichend Sonne erhält, kannst du deinen Kompass zur Hand nehmen und die Himmelsrichtung bestimmen. Mit einem Garten, der nach Süden oder Südwesten ausgerichtet ist, hast du das große Los gezogen.

Schau genau hin

Neben der Himmelsrichtung solltest du auch deine nähere Umgebung betrachten. Gibt es Häuser, Mauern oder Bäume, die Schatten werfen können und somit deinem Gemüse die wichtige Kraftquelle Licht nehmen?

Bäume und Hecken sind die größten Pflanzen im Garten und stellen neben dem Schattenwurf ein weiteres Hindernis dar. Sie konkurrieren mit deinem Gemüse um Wurzelraum und um Nährstoffe und Wasser. Besonders Flachwurzler und Herzwurzler breiten ihre Wurzeln nach allen Seiten aus und können so noch einige Meter vom Stamm entfernt zum Verhängnis werden. Als Richtwert kannst du dich an der Baumkrone orientieren. Die Ausbreitung der Wurzeln entspricht meist der Breite der Krone. Typische flach wurzelnde Pflanzen in unseren Gärten sind Birken, Fichten, aber auch Thujen, die häufig als immergrüne Hecke eingesetzt werden.

Die Himmelsrichtung verrät dir die Sonnenexposition und den Schattenwurf der Bäume in deinem Garten. Richte dein Gemüsebeet Richtung Süden ein.

Hängig oder eben?

Bevorzuge eine ebene Fläche in deinem Garten, die kein Gefälle hat. So kannst du sicherstellen, dass Wasser gleichmäßig in der Erde versickert, bei starken Regenfällen keine Erde von dem oberen Bereich des Beetes nach unten hin absackt und der Mulch auf deinen Beeten liegen bleibt. Auf einer ebenen Fläche können deine Pflanzen ein stabiles Wurzelsystem ausbilden und du kannst die Pläne für deinen Garten und das ausgesuchte Gemüse entspannter umsetzen.

Lerne deinen Gartenboden mit den Händen kennen und gieße deinen Boden und beobachte die Wasseraufnahmefähigkeit.

DIE IDEALE BEETFLÄCHE

- ✓ *Sonnig*
- ✓ *Abstand zu Mauern, Hecken und Bäumen*
- ✓ *Ebene Fläche, kein Gefälle*

Hast du eine Fläche ausfindig gemacht, die sonnig liegt, Abstand zu Bäumen und Hecken hat und eben ist? Perfekt. Dann kannst du sie nun mit deinem Maßband ausmessen und dir die Maße notieren. Die Einteilung deines Gemüsebeets auf dieser Fläche folgt im späteren Verlauf. Eine stark durchwurzelte Fläche, die dennoch in der Sonne liegt, kannst du beispielsweise nutzen, indem du mehrere Hochbeete aufstellst.

Schatten muss nicht schlecht sein

Mach dir keine Sorgen, wenn deine Beetfläche nicht den idealen Kriterien entspricht. Auch auf einer halbschattigen Fläche kannst du Gemüse anbauen – dass hier gar kein Gemüse wächst, ist ein weit verbreiteter Irrtum.

1: Besonders Kohl, Mangold und Salate wachsen gut bzw. sogar besser als auf einer vollsonnigen Fläche. Nur eine Beetfläche, die den gesamten Tag im Schatten liegt, ist nicht so gut geeignet.

2: In Zeiten des Klimawandels und längeren Trockenphasen werden halbschattige Beete immer attraktiver, denn sie geben dem Gemüse Schutz vor allzu intensiver Sonneneinstrahlung.

3: Stehen dir nur sehr stark beschattete Flächen zur Verfügung, weichst du besser auf Gemeinschaftsgartenprojekte, Mietgärten oder, falls möglich, den Garten deiner älteren Nachbarn aus – vielleicht freuen sie sich über den Austausch und die Möglichkeit, ihr Gartenwissen weiterzugeben.

DEIN BODEN – WAS DU WISSEN SOLLTEST

Bevor du an deinem ausgewählten Standort Wurzeln schlägst, gehen wir einmal in die Tiefe. Der Gartenboden braucht für den Gemüseanbau eine bestimmte Struktur und Zusammensetzung. Die perfekte Beschaffenheit wirst du vermutlich nie vorfinden, dafür gibt es aber einige Tricks, den Boden z.B. mit Kompost aufzuwerten, sodass die Struktur gut zu bearbeiten ist, sich Wasser gut im Boden halten kann und die Wurzeln deiner Pflanzen dort ausreichend Halt finden.

Bodenprobe entnehmen

Wie du deinen Boden gut bearbeitest, liest du ab Seite 52. Zuvor brauchst du aber den vollen Durchblick, was die Beschaffenheit und die Erdschichten deines Gartenbodens angeht.

Wähle unterschiedliche Ecken deines Gartens für eine möglichst aussagekräftige Bodenprobe aus.

DER IDEALE GARTENBODEN

- ✓ *Wenig Steine oder Wurzeln*
- ✓ *Nicht verdichtet*
- ✓ *Nicht zu sandig und nicht zu lehmig*

Entdeckst du Regenwürmer, dann ist das ein gutes Zeichen für einen biologisch aktiven Boden.

Deshalb geht es jetzt an die Bodenprobe.

1: Stich mit einem Spaten an mindestens drei Stellen spatentief in den Boden.

2: Entnimm für die Bodenprobe Erde aus der untersten Schicht. Du solltest insgesamt etwa 500 g Erde sammeln und vermengen.

3: Einige Handvoll der gesammelten Erde packst du in ein Plastiktütchen, das du nun in ein Bodenuntersuchungslabor schickst. Dort werden die Beschaffenheit, der pH-Wert, die Nährstoffzusammensetzung und insbesondere die Schwermetallbelastung ermittelt. Eine Bearbeitung dauert je nach Labor 2–4 Wochen.

Labore, die Bodenproben für den Gemüseanbau untersuchen, findest du im Internet. Das Labor sollte auch Handlungsempfehlungen zu den Ergebnissen anbieten.

In einer eigenen Tüte oder einer Tüte vom Labor wird die Erde verschickt.

TAG 3:

BEETPLANUNG

Die Beetplanung umfasst einen Pflanzplan und ganz allgemein die Planung der Beetfläche in deinem Garten. Da beides zusammenspielt und nicht getrennt betrachtet werden kann, planst du dir dafür einen Aktionstag ein.

Zeit: 3 Stunden

zu zweit

DAS BRAUCHST DU:

- ✓ *Zettel und Stift*
- ✓ *Äste oder Holzpflöcke*
- ✓ *Schnur*
- ✓ *Zollstock*

Wähle deine Gemüsesorten für das Jahr aus, plane entsprechend deiner Wünsche die Größe deiner Gemüsegartenfläche und puzzle dann deine Gemüse auf das Gemüsebeet – so entsteht heute dein Pflanzplan.

Erinnerst du dich noch an deinen Traum-Gemüsegarten? Schreibe jetzt die Gemüsearten auf, die du gerne aus deinem Garten ernten möchtest. Die Liste auf Seite 43 ist ein guter Anhaltspunkt für die Ansprüche von Gemüsepflanzen.

AM BESTEN PFLEGELEICHT

Solltest du auf deiner Lieblingsgemüse-Liste Arten wie Luffa-Gurke, Spargel und Schwarzwurzel stehen haben, dann muss ich dich leider enttäuschen. Das sind zum Beginn des Gemüsegärtnerns keine Arten für das erste Gartenjahr. Sie wachsen zwar gut in unseren

Breitengraden benötigen allerdings eine besondere Pflege und eine Menge Geduld!

Auch einige unserer Lieblingsgemüse wie Gurken sind wahre Diven im Garten, die zahlreiche Krankheiten entwickeln können. Die meisten Kohlsorten – Kohlrabi bilden die dankbare Ausnahme – gehören ebenso zu den komplizierteren Gemüsearten. Wie du diese Gemüse dennoch auch im ersten Gartenjahr im Garten anbauen kannst, erkläre ich dir in den folgenden Kapiteln.

Permaveggies

Mehrjährige Gemüse wie Meerrettich und Rhabarber sind dagegen für einen pflegeleichten Garten ideal und oft auch Bestandteil von Permakulturgärten. Besonders leicht im Anbau sind Winterheckenzwiebeln und auch der Ewige Kohl. Das Besondere daran: Du erntest nie alles, sondern lässt immer etwas stehen, damit neues Grün oder neue Wurzeln sich bilden können. Eine durchdachte Wahl des Standorts für mehrjährige Kulturen verhindert, dass du diese in den Folgejahren versetzen musst. Kennst du dein Gemüsebeet noch nicht gut, dann plane den Anbau von mehrjährigen Gemüsearten erst im Herbst oder im Folgejahr ein, wenn du einen guten Standort besser einschätzen kannst.

Was wächst am besten im eigenen Garten?

Es gibt Gemüsearten, über die jeder Gärtner sagt: „Ach das wächst ja wie Unkraut", und bei dir wird dieses Gemüse nichts. Mach dir nichts draus – dieses Gemüse haben wir alle. Bei mir im Garten wachsen Kürbisse nicht gut, aber alle anderen Starkzehrer kommen hervorragend klar. Ich versuche es dennoch jedes Jahr aufs Neue. Welche Gemüse in deinem Garten gut wachsen, hängt von vielen Faktoren ab. Möchtest du experimentieren, dann greife dir ein bis zwei Diven aus der Liste und lerne den Anbau dieser kennen. Im nächsten Jahr stellst du dich den nächsten zweien, bis du beim Endgegner Spargel angekommen bist und dich einen wahren Gemüseprofi nennen darfst.

WINTERHECKENZWIEBEL

Die Winterheckenzwiebel ist ein tolles mehrjähriges Gemüse, das alles in sich vereint, was du dir von einer essbaren Pflanze wünschen kannst: Sie ist pflegeleicht, bleibt für mehrere Jahre am selben Platz und ist mit den meisten Plätzen im Garten zufrieden. Schon früh im Jahr kannst du die Röhren schneiden und für Suppen, Gemüseaufläufe und mehr verwenden. Außerdem sind die Blüten wahre Hummelmagneten. Winterheckenzwiebeln bilden dichte Stöcke mit röhrenförmigen Blättern, die sogar noch früher austreiben als Schnittlauch.

JETZT GEHT'S ANS EINTEILEN

Eine rechteckige Beetfläche, eingeteilt in einzelne Beete, ist die einfachste und effektivste Methode, dein Gartenbeet zu strukturieren. Abgerundete und geschwungene Beetformen können aber auch sehr schön sein. Beachte dabei aber, dass du mit dem Rasenmäher entspannt überall vorbeikommst. Rankgitter, die du für kletterndes Gemüse benötigst, sind oft auf gerade Flächen ausgerichtet und Beete und Flächen innerhalb der Beetfläche lassen sich bei einer rechteckigen Form viel einfacher einteilen.

Was traust du dir zu?

Im ersten Gartenjahr kannst du so groß starten, wie du es dir zutraust. Eine Fläche von 20 m^2 halte ich für machbar, auch ohne irgendwelche Vorkenntnisse. Gleichzeitig ist diese Fläche groß genug, um mehrere Gemüsearten aus unterschiedlichen Pflanzenfamilien anzubauen und die verschiedenen Kulturtechniken kennenzulernen.

Sind deine Träume besonders groß ausgefallen oder du gärtnerst mit mehreren Personen zusammen, dann kannst du die Fläche auch beliebig vergrößern – trau dich! Möchtest du dich mit frischen Gemüsearten (ausgenommen Kartoffeln und Getreide) das gesamte Jahr über selbst versorgen und kein Gemüse mehr zukaufen, dann musst du mit etwa 60 m^2 pro Person rechnen. Kartoffeln sind aus dieser Rechnung ausgeschlossen, da sie im Anbau sehr viel Platz wegnehmen bzw. mengenmäßig mehr verzehrt werden als andere Gemüse. Lege deinen Garten so an, dass du deine Beetfläche in den Folgejahren einfach erweitern kannst.

Das Auswählen und Markieren der Beetfläche ist eine gute Aufgabe für zwei Personen.

BEETFLÄCHE MARKIEREN

Auch wenn du das Umgraben und Anlegen deiner Beetfläche erst zu einem späteren Zeitpunkt planst, lohnt sich, die Fläche jetzt schon zu markieren und abzuspannen. So kannst du garantieren, dass in der Zwischenzeit die Fläche nicht betreten und der Boden dadurch weiter verdichtet wird. Sind es noch viele Wochen bis zu deiner Bodenbearbeitung, dann kannst du Mulchmaterialien auf die auserkorene Fläche kippen und den Boden ideal für deinen Gemüseanbau vorbereiten. Die Maße für dein Gemüsebeet ergeben sich aus der späteren Beeteinteilung und können sein:

- ➜ 3 x 7 m
- ➜ 2 x 10 m
- ➜ 4,5 x 4,5 m

So gehst du vor – Schritt für Schritt:

1: Setze einen Ast in die äußere und begrenzende Ecke deiner Beetfläche. Eine Ecke, die z.B. an einen Weg oder eine Hecke grenzt, ist hier gemeint.

2: Knote eine Schnur an den Ast und laufe mit dem Zollstock die kürzere Länge deines Beetes ab. Die gerade Linie schätzt du hier per Augenmaß ab.

EINFACHE GEMÜSEARTEN

- ✓ Pflücksalate
- ✓ Kürbisse
- ✓ Kartoffeln
- ✓ Zucchini
- ✓ Buschbohnen
- ✓ Zuckerschoten
- ✓ Rote Bete
- ✓ Mangold
- ✓ Steckzwiebeln
- ✓ Knoblauch
- ✓ Wildtomaten
- ✓ Kohlrabi

DIVEN IM GEMÜSEBEET

- ✓ Gurken
- ✓ Möhren
- ✓ Kohl (besonders Brokkoli und Blumenkohl)
- ✓ Lauch
- ✓ Stangensellerie

MEHRJÄHRIGE GEMÜSE

- ✓ Artischocken
- ✓ Wilde Rauke
- ✓ Topinambur
- ✓ Rhabarber
- ✓ Ewiger Kohl
- ✓ Meerrettich
- ✓ Schnittknoblauch

3: Stecke auch hier einen Ast in den Boden und verknote deine Schnur. Diese erste Linie stellt die Grundlinie für dein rechteckiges Beet dar und nun kommt der Zeitpunkt, auf den du seit deinem Mathematikunterricht gewartet hast:

4: Du darfst den Satz des Pythagoras anwenden. Startpunkt sind jeweils deine beiden Äste. Miss von hier in Richtung der Schnur und somit in Richtung des zweiten Astes 60 cm aus und markiere diese. In die noch offene Richtung schätzt du einen rechten Winkel ab und markierst 80 cm. Nun knotest du ein weiteres Stück Schnur an deinen Ast und läufst die lange Seite des Beetes in Richtung der 80 cm ab. Eine Person hält dort die Schnur und die zweite Person verbindet mit dem Zollstock die 60- und 80-cm-Markierung. Der Abstand muss genau 100 cm betragen. Ist dies nicht der Fall, wird die Schnur so lange verschoben, bis sie auf der 80 cm liegt und gleichzeitig den Zollstock mit seiner 100-cm-Marke kreuzt.

5: Verbinde nun mit einer weiteren Schnur die beiden neuen Äste.

Bei großen Beetflächen lohnen sich stabile Holzpflöcke für die Markierung der Ecken.

Eine genau ausgerichtete Beetfläche empfiehlt sich besonders dann, wenn du sie mit gerade geschnittenen Elementen wie Betonplatten umranden möchtest.

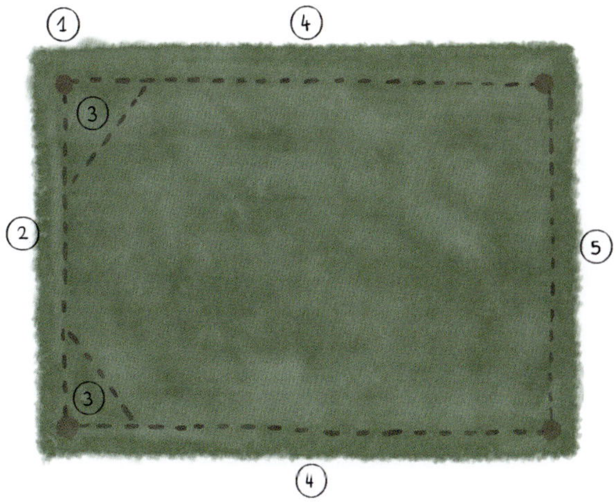

BEETFLÄCHE EINTEILEN

Auf dem Papier zeichnest du den Rahmen deiner Beetfläche ein und teilst diese in Wege und Anbauflächen ein. Die ideale Beetbreite beträgt 120 cm, da bei dieser Breite alle Gemüse auch in der Mitte des Beetes problemlos erreicht werden können. Wenn du mit Kindern gärtnerst und diese alles aktiv mitgestalten sollen, dann wähle eine Beetbreite von 80 cm. So können die kleinen Kinderarme auch in die Mitte des Beetes greifen, ohne die vordere Gemüsereihe zu zertrampeln. Plane für die Wege eine Breite von 40–50 cm ein.

ZEIT-SPAR-TIPP

Um Zeit beim Ausmessen zu sparen, kannst du deine Beetfläche auch nach Augenmaß anlegen, so wie es für dich am besten in deine Gartengestaltung passt. Laufe dein Beet in groben Schritten ab. Für die Breite der Gemüsebeete innerhalb der Beetfläche machst du einen großen Schritt und für die Breite der Wege stellst du drei Schuhe nebeneinander.

PFLANZPLAN ERSTELLEN

Nachdem du deine Gemüsesorten ausgewählt und deine Beetfläche auf dem Papier in Beete eingeteilt hast, kannst du dir nun einen groben Pflanzplan erstellen, indem du die ausgewählten Gemüse auf deinen Beeten verteilst.

Der Pflanzplan oder Beetplan ist erst einmal eine kleine Herausforderung, denn du musst einige Faktoren wie die Sonnenexposition, das Größenwachstum, gute und schlechte Nachbarn im Beet und den Nährstoffbedarf der Pflanzen beachten.

Keine Angst: Den perfekten Pflanzplan gibt es nicht und sehr wahrscheinlich wirst du im Laufe der Gartensaison doch noch ein paar zusätzliche Samenkörner in Beetlücken aussäen.

Ich möchte dir die Furcht davor nehmen, bei der Einteilung im Beet etwas falsch zu machen. Beachtest du ein paar simple Grundregeln für deinen Pflanzplan, dann kann nichts mehr schiefgehen. Zudem kann ein Pflanzplan perfekt ausgearbeitet sein und dennoch wachsen einige Pflanzen nicht so gut wie erwartet – das ist im Garten normal.

Hier siehst du eine mögliche Aufteilung deines Gemüsebeetes in mehrere lange, schmale Streifen.

Grundregeln für deinen Pflanzplan

- ➜ Nicht zu eng pflanzen – besonders Zucchini, Kürbis und Kohlpflanzen werden sehr groß.
- ➜ Kohl wechselt von Jahr zu Jahr das Beet.
- ➜ Tomaten und Kartoffeln nie nebeneinanderpflanzen.
- ➜ Wurzelgemüse mag aufgelockerte, sandige Böden ohne frischen Kompost oder Dünger.
- ➜ Salate passen immer gut zwischen andere Gemüsearten und füllen so Lücken im Beet schön aus.
- ➜ Keine Ahnung, was du pflanzen sollst? Säe Blumen aus!

So kann dein Gemüseboot bepflanzt aussehen. Neben verschiedenen Mischkulturbeeten liegen teilweise Flächen (Beet 2) brach oder sind mit Mulch bedeckt, um für eine spätere Bepflanzung vorbereitet zu werden.

FEBRUAR

Aktionstage im Februar

Im Februar kannst du den aktuellen Stand in deinem Garten beobachten. Achte auf Frost- oder Fraßschäden an Pflanzen. Beobachte, wo in deinem Garten Wasser entlangfließt und wo es windstille Ecken gibt. Stocke jetzt deine Saatgut- und Pflanzgutvorräte auf und repariere oder kaufe notwendige Gartengeräte.

Aktionstag 4: Im Februar lernst du den Unterschied zwischen samenfestem Saatgut und F1-Hybrid-Saatgut kennen. Heute werden Saatgut und Gartengeräte angeschafft.
Aktionstag 5: Bodenbearbeitung steht auf dem Programm und dann wirst du ein erstes Beet anlegen.

TAG 4:

EINKAUF VON SAATGUT UND GARTENGERÄTEN

Der Gemüsegarten muss kein teures Hobby sein, du kannst nämlich viele kostenlose Ressourcen aus deiner Umgebung nutzen. Saatgut und einige hochwertige Gartengeräte sind für deinen ersten Gemüseanbau aber notwendig.

2–3 Stunden

alleine oder Gemeinschaftsaufgabe

DAS BRAUCHST DU:

- ✓ *Deine Gemüse-Wunschliste*
- ✓ *Internetzugang*

Einige Gemüse auf deiner Wunschliste kannst du entweder direkt ins Beet einsäen oder aus Samen zu Hause vorziehen und dann als Pflanzen in das Beet setzen. Zusätzlich gibt es die gute Möglichkeit, bei Gärtnerinnen oder Landwirten vorgezogene Jungpflanzen einzukaufen und diese ins Beet zu pflanzen. Das empfehle ich dir besonders für Kohlpflanzen, da diese in der Anzucht etwas eigen sein können. Für Kürbis, Zucchini, Tomate und Co. kannst du aber schon jetzt dein Saatgut beziehen. Schaue dich im Internet, in der Gärtnerei deines Vertrauens oder einem Gartencenter in deiner Nähe um. Samenfachgeschäfte sind zwar mittlerweile selten, aber hast du eines in deiner Stadt, dann kannst du dich glücklich schätzen, denn dort bekommst du nicht nur hochwertiges Bio-Saatgut, sondern auch eine direkte Beratung vom Gartenprofi.

SAMENFESTES SAATGUT

Setze bei deiner Auswahl auf samenfestes Bio-Saatgut. So beginnst du deine Gemüseanzucht mit einer nachhaltigen Saatgut-Variante. Damit hast du eine bessere Grundlage als mit züchterisch beeinflussten Sorten, sogenannten F1-Hybriden. In der konventionellen Landwirtschaft machen diese Sinn, aber in deinem Gemüsegarten kannst du auch alte und vergessene Sorten ausprobieren. Bei der Hybridzüchtung werden sogenannte Elternpflanzen über mehrere Jahre selektiert, bis sie die gewünschten Eigenschaften, also einen hohen Ertrag, gleichmäßige Reife oder Ähnliches, reinerbig enthalten. Werden dann zwei Inzuchtlinien miteinander gekreuzt, entstehen F1-Hybriden. Das ist ein Begriff aus der Vererbungslehre: Die F1-Generation ist die erste Filial-, also Tochter-Generation. Der Ertrag dieser Sorten ist hoch und auch andere Eigenschaften sind für den Erwerbsanbau durchaus nützlich. Der Haken an der ganzen Sache ist jedoch, dass die Sorten nur im ersten Jahr nach der Aussaat so praktische Ergebnisse liefern. Erntest du Saatgut von F1-Hybriden und säst dieses aus, dann unterscheiden sich die Eigenschaften dieser Generation stark von ihren Vorgängern. Viele Samen keimen gar nicht auf, die Früchte unterscheiden sich in Form, Geschmack, Aussehen und bringen einen geringeren Ertrag. Die Vermehrung von F1-Saatgut lohnt sich nicht, wodurch jedes Jahr neues Saatgut gekauft werden muss. Dadurch entsteht eine große Abhängigkeit von großen Saatgutherstellern und das kann in der Landwirtschaft zu finanziellen Problemen sowie zu Einbußen in der Sortenvielfalt unserer Gemüse führen.

Samenfeste Sorten hingegen bieten eine unglaubliche Vielfalt im Geschmack und den Anpassungsfähigkeiten an ihre Umgebung. Teilweise bringen sie krumme und stachelige Früchte hervor, die im ersten Moment andersartig aussehen, jedoch sehr aromatische Früchte hervorbringen. In deinem eigenen Garten bist du nicht von den Bedingungen des Marktes abhängig und kannst auch krummem Gemüse eine Chance geben.

Bei samenfesten Sorten kannst du problemlos am Ende der Saison dein eigenes Saatgut für das nächste Jahr ernten.

Wie viele Tüten Saatgut?

Eine sehr wichtige Frage ist, wie viel Saatgut pro Gemüsesorte in einer Saison verbraucht wird. Tatsächlich benötigst du weniger Saatgut, als du vielleicht denkst. In einer Saatgutpackung Tomaten können z.B. 30 Samen enthalten sein. 30 Tomatenpflanzen der gleichen Sorte wären nicht nur mehr als genug, sondern auch etwas langweilig. Somit kannst du einige dieser Tomatensamen für das Folgejahr aufbewahren oder mit Gartenfreunden teilen.

Auf der Saatgutpackung ist meist entweder die Anzahl an Samen oder bei Blumen und Gründüngungspflanzen die Flächengröße, für die der Inhalt geeignet ist, angegeben. So kannst du dich orientieren und die richtige Anzahl kaufen. Wundervoll ist es auch, verschiedene Sorten von derselben Gemüseart auszuprobieren. Sowohl geschmacklich als auch in den Anbaueigenschaften unterscheiden sich diese und vielleicht entwickelst du gemeinsam mit deinem Garten deine Lieblingssorten.

GERÄTELISTE

- ➜ Schubkarre, Spaten, Grabegabel und Grubber wirst du bei der Bodenbearbeitung und dem Bewegen von Materialien in Gebrauch haben. Gärtnerst du im Hochbeet, dann sind Grabegabel und Grubber nicht notwendig – es gibt die Geräte aber auch als Handgeräte, die dir beim Bodenlockern im Hochbeet hilfreich sein können.
- ➜ Anzuchttöpfe, Rechen und Handschaufel sind für die Anzucht von Jungpflanzen und die Pflanztage hilfreich.
- ➜ Ein Eimer findet vielfältige Verwendung im Garten – vom Abtransport der Beikräuter über den Transport von Komposterde bis zum Ansetzen einer Pflanzenjauche.
- ➜ Auch Schnur, Gartenmesser und Handschuhe sind regelmäßig im Einsatz.
- ➜ Je nachdem, wie viele nützliche Helfer wie Vögel, Marienkäfer oder Igel du in deinem Garten hast, solltest du dir zusätzlich auch noch ein Kulturschutznetz anschaffen.

Kombiniere Gartengeräte für oberflächliche Aufgaben sowie Geräte, die leicht in die Tiefe gehen.

Worauf du beim Kauf unbedingt achten solltest

„Buy nice. Buy twice." Dieser Spruch gilt in jedem Fall auch bei Gartengeräten, wobei es mittlerweile auch günstige Geräte gibt, die bei sorgsamer Pflege lange halten können. Ich möchte dir hier Tipps dazu geben, welche Eigenschaften deine Geräte aufweisen sollten:

- ➜ Der Spaten ist ein Grabewerkzeug, mit dem dichte Böden umgegraben, aber auch Wurzeln abgeschnitten werden. Eine scharfe Schnittkante ist wichtig. Außerdem empfehle ich dir, einen Spaten mit T-Stiel zu wählen, auf den du dich besser abstützen kannst. Achte auch auf

GEMÜSEART UND ANZAHL TÜTEN PRO SORTE

Pflücksalat	1
Schnittsalat Mischung	2
(Steck-)Zwiebeln	½ Beutel; ca. 250 g
Rote Bete	1–2
Gemüsekohl	1 je Sorte
Buschbohnen	1
Kürbisse	1
Zucchini	1
Tomaten	½ Packung oder noch weniger
Möhren	½ Packung
Zuckerschoten	1
Knoblauch	5 Knollen
Gründüngung	2 verschiedene
Mangold	1

Wechsle dein Gartengerät je nach Tätigkeit und Ziel, das du bei der Bodenbearbeitung hast, aus.

die Stiellänge: Ein zu kurzer Stiel wird dir schnell Rückenschmerzen bescheren, ein zu langer Stiel ist sehr unhandlich.

➜ Wähle eine Schubkarre mit aufpumpbarem Reifen. Ein Reifen aus Vollgummi kann in der Handhabung schnell anstrengend, weil schwer zu schieben, sein.

➜ Eimer aus Zink oder Metall sind zwar hübsch anzusehen, für das Ansetzen einer Pflanzenjauche sind sie aber ungeeignet, da sich durch die Gärung schädliche Stoffe aus dem Metall lösen können.

➜ Als Anzuchttöpfe können viele Behälter dienen, die im Haushalt oder beim Einkauf anfallen. Alte Kunststofftöpfe von Blumen oder Zimmerpflanzen können für die Anzucht wiederverwendet werden. Hast du keine eigenen Töpfe, dann wirst du auf dem Friedhof fündig. Zeitungspapier und leere Klopapierrollen kannst du zu kleinen Anzuchttöpfen falten, die aber häufiger gewässert werden müssen. Als zugekauftes Produkt finde ich Anzuchtschalen aus Hartplastik sehr praktisch. Zum einen kannst du hier flächig Gemüse vorziehen oder du nutzt die Schale als Abtropfbecken für deine Jungpflanzen in Töpfen. Wähle nicht so flache Anzuchtschalen aus – so kannst du dir das Pikieren später ersparen.

➜ Bei dem Kauf deiner Gartenhandschuhe solltest du auf Naturkautschuk setzen. Da sich bei der Gartenarbeit immer kleine Partikel der Handschuhe lösen, ist es besser, auf Gartenhandschuhe mit Plastikanteilen oder Silikonen zu verzichten.

WERDE ERFINDERISCH

Teile die Anschaffungskosten von Gartengeräten mit deiner Gartengemeinschaft oder frag im Freundes- und Bekanntenkreis nach Geräten, die unbenutzt in Schuppen stehen und sich auf eine Wiederbelebung freuen.

TAG 5:

BEET ANLEGEN UND BODENBEARBEITUNG

Mit deinem Pflanzplan in der Hand und dem Spaten auf der Schulter kannst du heute dein eigenes Gemüsebeet anlegen.

Zeit: 8 Stunden; und so lange musst du warten: 2 Wochen

Gemeinschaftsaufgabe

DAS BRAUCHST DU:

- ✓ *Spaten*
- ✓ *Schubkarre*
- ✓ *Ergebnisse der Bodenprobe*
- ✓ *Rechen*
- ✓ *Erde (Mutterboden)*

Die Bodenbearbeitung eines neuen Gemüsebeetes kann im ersten Jahr eine zeit- und arbeitsintensive Aufgabe sein, die in Gemeinschaft mit Freunden und Familie aber sicherlich mehr Spaß macht. Mit jedem Jahr wird dein Gartenboden besser für den Gemüseanbau geeignet sein. Mit deiner ersten Bodenbearbeitung kannst du einen wichtigen Grundstein legen.

DIE BESTE WAHL

Mittlerweile sollten deine Ergebnisse der Bodenprobe mit Dünge- und Handlungsempfehlungen bei dir eingegangen sein. Lege kein bodennahes Gemüsebeet an, wenn in deinem Boden risikobehaftete Schwermetalle nachgewiesen wurden. Hochbeete können eine sichere Alternative für dich sein. Im besten Fall hast du keine Schwermetalle bzw. nur unbedenkliche

Mengen in deinem Boden. Auch weitere Mineralstoffe und Nährstoffe, die relevant für eine gute Bodenqualität sind, werden bei einer Bodenprobe untersucht. Folge den individuellen Empfehlungen des Labors zur Düngung, die nach den Grabearbeiten erledigt werden kann.

Rasen in Beete umwandeln

Hast du eine Rasenfläche, die du in ein Gemüsebeet umwandeln möchtest, dann sind die Gräser deine Konkurrenz. Gräser sind Starkzehrer und ziehen viele Nährstoffe aus deinem Boden, die auch deine Gemüsepflanzen nutzen möchten. Es ist keine Option, dein Gemüse direkt in die Wiese einzusäen oder zu pflanzen, denn die vorhandene Wurzelstruktur der Gräser ist stärker als neu aufkeimende Pflanzen. Der Boden muss vor der Bepflanzung und Aussaat bearbeitet werden.

Grasnarbe abheben – Schritt für Schritt:

Die Grasnarbe abheben bedeutet, dass du mit einem Spaten einzelne Quadrate der Wiese ausstichst und anschließend abträgst. So werden die starkzehrenden Gräser und tiefwurzelnde Pflanzen entfernt.

1: Mit der scharfen Kante des Spatens ein Viereck in den Rasen stechen und durch Nach-vorne-und-hinten-Bewegen des Spatens den Boden lockern.

2: Von einer der vier Seiten aus das Quadrat ausheben und abtragen.

3: Mit dem Spaten grobe Schollen der darunter liegenden Erde zerschlagen.

4: Fortfahren, bis die gesamte Fläche abgetragen wurde.

5: 15 cm Mutterboden auftragen.

6: Die Fläche 2–3 Wochen bis zur ersten Pflanzung ruhen lassen.

7: Die ausgehobenen Rasenstücke können als Wall am Beetrand abgelegt werden. Alternativ kannst du sie als Hochbeet-Füllmaterial für die untere Schicht nutzen oder auf den Kompost geben.

Den Mutterboden trägst du als feine Erdschicht auf. Bei einem 20-m^2-Beet benötigst du somit 3 m^3 Erde als Bodenauftrag.

TORFFREIE ERDE

Durch den Abbau von Torf werden Moore zerstört, in denen seltene und vom Aussterben bedrohte Tiere leben, außerdem sind Moore sehr gute Kohlenstoffspeicher. Damit sie erhalten bleiben, ist es wichtig, dass du beim Kauf von Erden darauf achtest, dass kein Torf enthalten ist. Torffreie Gartenerden werden z. B. auf Basis von Kompost, Rindenhumus und Holzfasern hergestellt. Sie können außerdem Tonminerale, Lavagranulate und Dünger enthalten. Übrigens bedeutet „Bio" bei Substraten noch lange nicht torffrei.

Grabe bei der Erstanlage die Erde in deinem Gemüsebeet mit einem Spaten etwa 20 cm um.

Legst du dein Beet schon im Herbst des Vorjahres an, dann kannst du nach dem Umgraben deine Fläche mit Laub, Rasenschnitt und weiteren organischen Materialien mulchen und somit bis zum neuen Jahr schützen (mehr auf Seite 110). Legst du dein Beet im Frühjahr des aktuellen Jahres an, dann solltest du es nun 2–3 Wochen ruhen lassen. In dieser Zeit kann sich der Boden setzen und die Bodenorganismen können wieder ihre Bereiche besiedeln, da sie durch das Umgraben durcheinandergebracht werden.

Schadet Umgraben dem Bodenleben?

Es gibt viele Verfechter der „Nicht-Umgraben-Methode" um Beete anzulegen. Es ist nämlich auch möglich, ein Papp- oder Mulchbeet auf der Grasfläche anzulegen, indem verschiedene organische Materialien, ähnlich wie bei einem Hochbeet, geschichtet werden und dann auf dieser Mulchschicht gegärtnert wird. Ich selbst habe mit beiden Methoden erfolgreiche Resultate gehabt und finde, sie haben beide ihre Berechtigung. Für die erste Anlage eines Beetes bevorzuge ich das Umgraben oder Abheben der Grasnarbe. In den Folgejahren jedoch wird sich zurückgelehnt, die Mulchschicht darf arbeiten und die Erde wird sich ganz von allein aufbauen und aufbessern. Beim Umgraben wird das Bodenleben zwar kurzfristig gestört, aber nicht nachhaltig verändert oder beschädigt.

DEN BODEN VERBESSERN

Neben den Ergebnissen der Bodenprobe hast du dir sicher auch die Beschaffenheit deiner Erde angeschaut und möchtest sie nun eventuell aufbessern. Es gibt verschiedene Maßnahmen, die du ergreifen kannst:

- Findest du beim Umgraben viele Steine in deinem Boden, kannst du sie aufsammeln oder weitere Erde aufschütten, sodass die steinige Schicht erst nach etwa 30 cm feinem und humosem Boden anfängt. Ist deine Erde sandig oder besonders lehmig, hilft eine Vermengung mit Kompost, um die Bodenqualität zu verbessern.
- Bei der Direktsaat ins Gemüsebeet kommen die Samen gleich an Ort und Stelle. Das ist praktisch, der Boden muss zuvor aber ideal bearbeitet werden. Er sollte feinkrümelig sein, sodass die jungen Gemüsewurzeln sich leicht im Boden verankern können.
- Boden für die Pflanzung von Jungpflanzen muss nicht perfekt feinkrümelig sein, er kann auch gröbere Teile enthalten. Jungpflanzen haben einen Wachstumsvorsprung gegenüber den Beikräutern. Sie breiten sich je nach Art rasch aus und können Beikräuter dann unterdrücken.
- Ein Boden, der zuvor ein Weg oder eine Spielwiese war, kann sehr verdichtet sein. Er muss gut gelockert werden. Außerdem solltest du im ersten Jahr Mutterboden auftragen, damit du direkt pflanzen kannst. Mit einer guten Mulchkultur kannst du dir dann mit den Jahren einen humosen und lockeren Gartenboden aufbauen.

ERDE ZUKAUFEN

Egal ob Hochbeet, Bodenbeet oder Topfkultur – du wirst im ersten Jahr Erde oder Komposterde zukaufen müssen. Benötigst du größere Mengen, dann lohnt sich eine Fahrt zu der nächsten Kompostieranlage. Dort werden Erden meist zu niedrigen Preisen pro Kubikmeter verkauft. Solltest du keine Möglichkeit haben, die Erde in den erwünschten Mengen abzuholen, dann kannst du sie dir alternativ auch liefern lassen.

Erde aus einem Gartenmarkt in 50-l-Säcken lohnt sich nur, wenn du geringe Mengen benötigst und sofort loslegen möchtest. Hier solltest du auf die Beschriftung achten und nur torffreie Erde kaufen.

Grobe Steine stören die Wurzelbildung deiner jungen Gemüsepflanzen und werden abgesammelt.

Durch gekaufte Erde kannst du schon im ersten Gartenjahr erfolgreich gärtnern. Die Verbesserung deiner Gartenerde könnte sonst Jahre dauern.

GEMÜSE ZUR BODENVERBESSERUNG

Einige Gemüsearten können dir besonders im ersten Gartenjahr dabei helfen, deinen Gartenboden zu verbessern (siehe Tabelle unten).

EINE BEETUMRANDUNG ANLEGEN

Deine Beetfläche kannst du mit verschiedenen Materialien einfassen und vom restlichen Garten abgrenzen. Möchtest du Gräser und Wildkräuter fernhalten, dann sollte die Umrandung in den Boden eingegraben werden, da sich die meisten Beikräuter über ihr Wurzelwerk ausbreiten. Eine sogenannte Wurzelsperre, die 30 cm tief eingegraben wird, grenzt das Einwachsen über die Wurzeln ein. Hast du keine Bedenken bezüglich einwachsender Gräser oder keine Lust eine komplizierte Beetumrandung einzugraben, dann kannst du auch kleinere Steine, Äste oder Holzplanken zur Umrandung nutzen. Eine Rasenkante oder ein kleiner Wall ist besonders in Hanglage wichtig, damit Erde und Gemüsesamen aus dem Beet nicht weggeschwemmt werden können.

WEGE ANLEGEN

Zu guter Letzt legst du deine Wege im Gartenbeet an. Orientiere dich an deinem erstellten Beetplan von Aktionstag 2. Bei dem Anblick des leeren Beetes kann schnell der Eindruck entstehen, dass die Wege zu breit oder die Beete zu schmal sind, und man tendiert dazu, ein paar Zentimeter im Beet hinzuzumogeln. Lass dich hier nicht täuschen. Spä-

GEMÜSE	POSITIVE AUSWIRKUNGEN AUF DEN BODEN	WO UND WANN ANBAUEN?
Kartoffeln	• Lockern den Boden auf. • Entfernen Drahtwürmer aus einem befallenen Boden (insbesondere bei einem Rasenbeet sinnvoll).	Im ersten Gartenjahr, wenn du eine Rasenfläche urbar gemacht hast.
Hülsenfrüchte wie Bohnen, Zuckerschoten und Erbsen	• Binden Stickstoff aus der Luft und reichern den Boden über ihre Knöllchenbakterien damit an. • Wurzeln lockern den Boden in den oberen Schichten.	Im ersten Gartenjahr. Auch sonst möglichst oft in die Beetplanung einbeziehen.
Essbare Blühpflanzen wie Ringelblumen, Tagetes, Kornblumen, Ysop, Phacelia und Kapuzinerkresse	• Regen das Bodenleben an und bauen die Humusschicht auf. • Vertreiben Schädlinge wie Nematoden. • Bieten Nahrung und Unterschlupf für Nützlinge.	Jedes Gartenjahr zwischen den Gemüsekulturen und an Beeträndern.
Gründüngung wie Phacelia und Buchweizen	• Bedeckt den Boden auch über den Winter. • Regt das Bodenleben an. • Reichert Nährstoffe im Boden an.	Gegen Ende der Saison als Nachkultur.

DU BRAUCHST PLATZ

Wege sollten zwischen 40 und 50 cm breit sein. Möchtest du einige Wege mit Schubkarre befahren, dann plane sie noch etwas breiter ein.

testens, wenn du im Sommer über die Kürbispflanzen hüpfen oder 10 m Umwege gehen musst, freust du dich über deine zuvor angelegten Wege.

Um Wege vom bepflanzten Gemüsebeet abzugrenzen, kannst du Schnüre als Markierung spannen, die Wege mit Mulch bedecken oder mit Holzplatten oder großen Steinen auslegen. Rindenmulch und Stroh sind als Deckmaterial nicht zu empfehlen, da sie dem Boden Nährstoffe entziehen können. Meine Favoriten sind Holzplatten oder Schnüre. Die Holzplatten kannst du sehr schnell und einfach auf dem Weg auslegen. Unter dem Holz sammeln sich eventuell Schnecken, die du an einem feuchten Morgen einfach absammeln kannst. Schnüre ermöglichen es dir, dass du deine Wege auch als Teil des Beetes nutzen

ZEIT-SPAR-TIPP

Möchtest du dir das Abheben der Grasnarbe und das aufwendige Anlegen des Gemüsebeetes sparen, dann kannst du deine ausgewählte Fläche mit einer dicken Mulchschicht von 20–30 cm bedecken, die ein halbes Jahr liegen bleibt. Die Methode eignet sich gut für die Beetanlage im Herbst. Innerhalb dieser Zeit sterben die Gräser und Pflanzen unter der Mulchschicht ab und du kannst dein Mulchbeet für Kulturen wie Kürbis, Zucchini, Kartoffeln, Tomaten, Mais und Gurke nutzen. Salate, Kräuter und Wurzelgemüse können hier leider nicht angebaut werden.

kannst. Sobald dein Gemüse wächst, wirst du die Wege erkennen und kannst die Schnüre wieder aufrollen. Unbedeckte Wege hackst du am besten regelmäßig auf, Durch das Aufhacken werden diese Flächen nicht verdichtet, was immer positiv für das Bodenleben ist.

Eine Umrandung aus Weiden grenzt dein Gemüsebeet von dem umliegenden Garten ab. Gleichzeitig kann sie als Mini-Hochbeet genutzt werden.

Du benötigst nicht immer zusätzliche Materialien für deinen Weg. Ein gut sichtbarer Trampelpfad quer durch dein Gemüsebeet kann auch schon ausreichen.

MÄRZ

Aktionstage im März

Im März kann es noch sehr kalt sein. Schütze deine Pflanzen und Beete mit Vlies, Netzen oder Mulch. Die Vorbereitung deiner Beete durch Aufhacken und Entfernen von Beikräutern begleitet dich durch den Monat. Pflege und beobachte deine ersten vorgezogenen Jungpflanzen.

Tag 6: Im März geht es los mit der Pflanzen-Kinderstube. Du ziehst aus Samen Jungpflanzen in Anzuchtschalen oder -töpfen vor und kümmerst dich um das junge Gemüse.
Tag 7: Bevor die Kartoffeln ins Beet kommen, lässt du sie erst einmal vorkeimen.
Tag 8: Es geht in den Garten, denn es wird Zeit, die Gemüsereihen zu markieren.
Tag 9: Im März finden auch schon die ersten Aussaaten von robustem, kältetolerantem Gemüse ins Beet statt, z. B. von Asiasalaten und Steckzwiebeln.

TAG 6:

ALLES BEGINNT MIT DEM VORZIEHEN

Durch das Vorziehen kann die Wachstumsphase von Pflanzen verlängert werden, weil sie schon als Jungpflanzen ins Beet kommen und nicht ausgesät werden. Einige Saatguttüten bleiben aber auch noch verschlossen, denn verschiedene Gemüse müssen nicht vorgezogen werden.

1 Stunde

eine Person

DAS BRAUCHST DU:

- ✓ *Saatgut*
- ✓ *Anzuchttöpfe*
- ✓ *Anzuchtschale*
- ✓ *Anzucht- oder Kräutererde*
- ✓ *Kleine Gießkanne*
- ✓ *Ballbrause oder Sprühflasche*

Das Vorziehen von Gemüsepflanzen in der Wohnung ist wie ein kleiner Test für deinen grünen Daumen. Unter kontrollierten Bedingungen kannst du deine ersten grünen Keimlinge großziehen. In deiner Wohnung sind sie geschützt vor Wind, Frost, starker Sonneneinstrahlung und unerwarteten Regengüssen. Mit dem Vorziehen kannst du dir die Wartezeit bis zum Beginn der Gartensaison im Freien versüßen – doch treib es nicht zu bunt, denn du kannst deine Jungpflänzchen auch zu sehr verwöhnen und dann wird die Eingewöhnung im Freien nicht so einfach.

EIN BISSCHEN THEORIE

Du kannst gerne jetzt gleich sagen: „Nein, da habe ich keine Lust drauf." Dann überspringst du die Anzuchtphase zu Hause und kaufst alle Pflanzen, die nicht direkt ausgesät werden können, als Jungpflanzen. Wenn du dich aber traust, dann möchte ich dich einladen, zumindest ein paar Gemüse von klein auf kennenzulernen und sie vom Saatkorn bis zur Frucht und Ernte zu begleiten. Das Gefühl und die Wertschätzung für dein selbst geerntetes Gut sind dann noch mal ganz anders als bei einer gekauften Jungpflanze.

Bevor wir hier aber direkt mit den Händen in der Anzuchterde starten, gibt es noch ein wenig Theorie: Wir werfen gemeinsam einen Blick auf Samen und Keimung. Mit dem richtigen Verständnis von Saatgut und Jungpflanzen wirst du die Sprache der Pflanzen bald verstehen und sie zukünftig ganz intuitiv richtig behandeln.

Warum vorziehen?

Viele der besonders beliebten Gemüsearten wie Tomaten und Paprika benötigen eine Voranzucht in Töpfen, da sie bei einer Direktsaat ins Beet nicht ausreichend Zeit haben, sich voll zu entwickeln und Früchte auszubilden. Insbesondere wenn du in kalten Lagen lebst und die Temperaturen nur wenige Monate über 20 °C liegen, solltest du dich mit dem Vorziehen befassen. Durch die Voranzucht verlängerst du darüber hinaus deine Ernteperiode, denn du pflanzt ja bereits gut entwickeltes Gemüse ins Freie. Die Keimung und das Jungpflanzenstadium hat dein Gemüse schon im Haus absolviert. Gemüse, wie Zucchini und Gurken, die mehrfach beerntet werden können, produzieren dadurch über einen längeren Zeitraum Früchte und du kannst deine Gemüseernte steigern.

Der Start: Aussaat

So manche Gemüsesamen lieben Licht und keimen nur bei ausreichendem Lichtreiz. Sie werden als Lichtkeimer bezeichnet. Andere verstecken sich lieber unter einer mehr oder weniger dicken Erdschicht, die das Licht bzw. einen bestimmten Spektralbereich abhält. Sie strecken nur zugedeckt ihre grünen „Fühler" aus; das sind die Dunkelkeimer. Auf vielen Saatguttüten findest du eine Angabe der Saattiefe. Du kannst sie aber auch schnell auf seriösen Seiten im Internet recherchieren. Für einige einfache Gemüsearten findest du die Angabe in den Gemüseporträts auf den Seiten 14–27.

Säe deine Saatkörner in eine nährstoffarme und lockere Erde aus. Du kannst Anzuchterde, Kräutererde oder ein Gemisch aus Gartenerde und Kokoserde verwenden. Die ersten kleinen Wurzeln, die aus deinem Saatkorn wachsen, sollten sich schnell im Erdreich ausbreiten können und nicht auf ein Hindernis wie verfestigte Erde treffen. Bei der Aussaaterde ist das Motto: Umso lockerer, desto besser.

Durch die eigene Aussaat lernst du die riesige Auswahl an unterschiedlichen Sorten der Kopfsalate, Pflücksalate, Radicchio und Endiviensalate kennen.

AUSSÄEN UND PFLEGEN

Du bist jetzt gut vorbereitet auf die Praxis und kannst direkt loslegen mit der Aussaat. Ich zeige dir, wie du vorgehst und was du beachten musst.

1: Das Anzuchtgefäß reinigen, sodass keine alte Erde aus dem Vorjahr vorhanden ist. Mit einem Schuss Essig in deinem Putzwasser erzielst du eine antibakterielle Wirkung.

2: Die Anzuchterde bis zu zwei Drittel unter der Kante der Anzuchtschale auffüllen und leicht andrücken.

3: Die Gemüsesamen bei kleinen Anzuchttöpfen einzeln hinzufügen und so tief in die Erde geben, wie das Saatkorn groß ist. Bei Aussaatschalen mehrere Gemüsesamen einbringen.

4: Die Erde mit einer Ballbrause oder Sprühflasche vorsichtig anfeuchten. Nicht mit der Gießkanne, da die Samen dadurch schnell verschlemmen können.

5: Eine Abdeckhaube auf die Anzuchtschale legen und an einen sonnigen Ort stellen.

Gut gepflegt ist halb gekeimt

Sind deine Körnchen richtig gebettet, mögen sie es, noch etwas umsorgt zu werden. Bis sie keimen, also bis das erste Grün sichtbar wird, muss die Erde feucht gehalten werden. Das ist wichtig, denn wenn die Keimung einmal durch Trockenheit unterbrochen wurde, sterben die Samen ab. Deshalb wird auch eine hohe Luftfeuchtigkeit bei der Keimung angestrebt. Die durchsichtige Haube, die über die Anzuchtschale gelegt wird, hilft dabei, die Luftfeuchtigkeit zu erhöhen. Denselben Effekt erreichst du, wenn du eine Klarsichtfolie über den Aussaattopf spannst. Sobald die ersten Keimblätter zu sehen sind, nimmst du die Abdeckhaube bzw. die Klarsichtfolie ab, damit die Keimlinge nicht schimmeln.

Anzuchtschalen mit mehreren kleinen Töpfen werden bis zum Topfrand mit Erde gefüllt.

Die Samen werden einzeln ausgesät oder, z.B. bei Mangold, in Horstsaat in die Erde gebracht.

Durch das vorsichtige Wässern mit einer Sprühflasche können die Samen nicht aufschwemmen.

Einige Gemüse sind übrigens richtige Schnellstarter und beginnen schon nach einem kurzen Lichtblitz von wenigen Sekunden mit ihrer Keimphase, andere, wie z.B. Möhren, möchten sich ganz sicher sein, dass sich das Wachstum auch wirklich lohnt und die Außenbedingungen passen – sie keimen langsam.

Neben Lichteinfluss und Feuchtigkeit spielt auch die Außentemperatur noch eine Rolle bei der Keimung. Du kannst dir merken: Unter 15 °C ist – außer einigen wenigen Kaltstartern wie der Kresse – kein Gemüse am Start. Zwischen 18 °C und 20 °C strecken sie aber alle ihre Köpfchen aus der Erde. Die Temperatur ist im Winter auch in unseren Gärten der limitierende Faktor, der dazu führt, dass vergessene Samen im Gemüsebeet nicht keimen. Achte darauf, dass es rundum, also auch von unten zwischen 18 °C und 20 °C warm ist. Stehen die Anzuchtschalen und -töpfchen auf einer warmen Fensterbank, ist das eventuell zu warm. Außerdem trocknet die Erde dann sehr schnell aus.

Keim- und Laubblätter lassen sich durch ihren unterschiedlichen Phänotyp klar unterscheiden.

Das musst du nach der Keimung beachten

Das erste Grün, das sich aus der Erde streckt, sind die Keimblätter. Der Großteil der Gemüsepflanzen bildet zwei Keimblätter aus. Es gibt jedoch auch Arten, die nur ein Keimblatt haben, z. B. Zwiebeln, Lauch und Knoblauch. Nach den Keimblättern werden die ersten Laubblätter sichtbar. Sie haben je nach Pflanzenart einen sehr spezifischen Phänotyp und als Pflanzenprofi wirst du schon bald anhand der ersten Blätter deine Gemüse auseinanderhalten können. Doldenblütler wie Möhren haben ein gefiedertes Laubkleid, Kürbisgewächse haben große spitz zulaufende Laubblätter mit sichtbaren Blattadern und die meisten Tomaten entwickeln oval länglich gezahnte Blätter.

Sind die ersten Laubblätter deiner Jungpflanzen zu sehen, dann ist das Gemüse im „Teenageralter" und benötigt eine gute Balance aus sanfter Führung und Unterstützung durch dich und erstem Vorbereiten bzw. Abhärten auf die Bedingungen im Freiland. Du kannst zwar ideale und beinahe laborähnliche Bedingungen für deine Zöglinge bei dir zu Hause schaffen, aber das ist gar nicht unbedingt nötig. Außerdem hat auch nicht jeder ein Anzucht-Labor zu Hause, geschweige denn die Geduld und Zeit dafür. Solange du einige Tipps bei der Jungpflanzen-Erziehung beachtest, kann fast nichts mehr schiefgehen.

5 WICHTIGE TIPPS FÜR DEINE JUNGPFLANZEN

1: Nicht zu viel Wasser: Halte deine Erde bis zur Keimung feucht, aber nicht triefend nass. Bedenke beim Gießen in Anzuchtschalen, dass das Wasser nicht abfließen, sondern nur verdunsten kann. Nach der Keimung sollte die Erde oberflächlich ab und an durchtrocknen. Du musst also nicht jeden Tag gießen.

2: Möglichst viel Licht: In der Anzuchtphase solltest du deine Jungpflanzen durch einen Standort am Südfenster oder eine Pflanzenlampe mit so viel Licht wie möglich versorgen. Schütze deine Pflänzchen aber an besonders heißen und sonnigen Frühlingstagen vor der prallen Sonneneinstrahlung, da sie sonst schnell einen Sonnenbrand bekommen können.

3: Der richtige Zeitpunkt: Zu früh gestartet, versinkst du im grünen Indoor-Dschungel. Zu spät gestartet schaffen es deine jungen Pflänzchen in der aktuellen Saison mitunter nicht bis zur Fruchtausbildung.

4: Möglichst früh an die Outdoor-Bedingungen anpassen: Im Gemüsebeet ist es windig, die Erde trocknet mal ab und die Temperaturen schwanken. Imitiere diese Bedingungen, sobald du eine kleine kräftige Jungpflanze von etwa 15 cm hast. Sei der Wind und streiche mit deiner Hand über die Jungpflanzen. Stelle sie für eine, zwei und später mehrere Stunden auf den Balkon zunächst an einen geschützten Platz, später auch in die Sonne. Spätestens zwei Wochen vor dem Auspflanzen solltest du mit dem Abhärten und der Entwöhnungsphase beginnen.

5: Nährstoffversorgung beachten: Für die Keimung braucht deine Pflanze eine nährstoffarme Umgebung, damit das Wurzelwachstum angeregt wird. Jungpflanzen wie Paprika und Tomaten, die längere Zeit in ihren Anzuchttöpfen bleiben können, solltest du im späteren Anzuchtverlauf in nährstoffreiche Erde umtopfen oder mit Flüssig-Anzuchtdünger füttern.

Tomatensamen können einzeln in große Anzuchttöpfe gesät werden, die mit Erde aufgefüllt werden.

Nicht notwendig: Pikieren

Pikieren, also das Umsetzen von kleinen Jungpflänzchen in größere Pflanztöpfe, wird häufig zur Anzucht empfohlen. Möchtest du Zeit sparen, dann säe deine Samen direkt in größere Töpfe aus, die du nicht komplett mit Erde auffüllst. Ist deine Gemüsepflanze einige Zentimeter gewachsen, dann kannst du weitere Erde nachfüllen. So bekommt deine Pflanze einen zusätzlichen „Nährstoffboost“, kann neue Seitenwurzeln am Stiel ausbilden und du sparst dir das Umtopfen. Ausnahme: Salat. Der will nämlich nicht tiefer eingepflanzt werden. Aber er kann meist auch schon aus seinem ersten Anzuchtgefäß direkt in das Beet gesetzt werden.

Weiterer Vorteil der größeren Anzuchtgefäße: Deine Pflanzen haben von Beginn an einen größeren Wurzelraum. Das entspricht eher den natürlichen Bedingungen im Freiland.

ZEITMANAGEMENT

Fast in jedem Monat des Jahres kannst du Gemüsepflanzen vorziehen und sie später in deine Beete setzen. Müsste ich mich aber auf eine bestimmte Zeit festlegen, dann wäre es Mitte März. Für Paprika, Auberginen, Physalis und Chili ist dies der letzte Zeitpunkt, damit sie bis zum Auspflanzen eine gute Größe erreichen können. Für Tomaten, Salat und Kohlpflanzen ist es der erste Zeitpunkt, an dem du starten solltest.

- ➜ Vorziehen oder als Jungpflanze kaufen: Paprika, Chili, Tomate, Aubergine, Physalis, Artischocke, Kohl, Kopfsalate, Stangensellerie
- ➜ Vorziehen möglich, aber nicht notwendig: Mais, Bohnen und Zuckerschoten, Kürbis, Zucchini, Gurke, Porree, Frühlingszwiebeln, Rote Bete, Mangold
- ➜ Direkt ins Beet säen: Möhren, Pastinaken, Petersilienwurzeln, Radieschen, Steckzwiebeln, Knoblauch, Pflücksalate, Senfsaaten

ZEIT-SPAR-TIPP

Wähle einfache Gemüsearten wie Tomaten zum Vorziehen aus. Möchtest du von einem Gemüse verschiedene Sorten in deinem Garten anbauen, dann tausche deine vorgezogene Sorte mit Gartenfreunden oder auf Tauschbörsen.

Gemüse-Vorlieben

Die klassischen mediterranen Sorten lieben Wärme. Im Beet sind die Bedingungen erst im Mai ideal. Mitte März ist für Physalis, Aubergine, Paprika, Chili und Artischocke der letzte Zeitpunkt, um in die Anzuchterde zu hüpfen. Tomaten wiederum können auch noch bis Anfang April vorgezogen werden. Tomaten sind mit das einfachste Gemüse für die Voranzucht, da sie sehr zuverlässig keimen und nicht zu schnell zu schießen beginnen.

Kürbis kannst du Ende April bis Anfang Mai vorziehen oder ab Mitte Mai direkt ins Beet säen.

Durch das Auffüllen von Erde in den Anzuchttopf stehen der Pflanze weitere Nährstoffe zur Verfügung und die Bildung von Seitenwurzeln wird angeregt.

TAG 7:

KARTOFFELN VORKEIMEN

Neben der Aussaat und dem Pflanzen gibt es noch die Anbautechniken „Legen" und „Stecken". Gepflanzt oder gesteckt werden z. B. Steckzwiebeln und Knoblauch. Heute kannst du die Kartoffeln für das spätere Legen ins Beet vorbereiten.

1 Stunde; Wartezeit: 2 Stunden

eine Person

DAS BRAUCHST DU:

- ✓ *Saatkartoffeln*
- ✓ *Flacher Karton/Kiste*

Kartoffeln sind wohl das einfachste und effektivste Selbstversorger-Gemüse. Sie benötigen wenig Pflege, bessern den Gartenboden auf, sind lange lagerfähig und ein wichtiges und gesundes Grundnahrungsmittel. Und nicht zu vergessen: Die Ernte der unterirdisch wachsenden Knollen im Spätsommer ist eine spaßige Aktion für die gesamte Gartengemeinschaft und die Familie. Wie wäre es im Anschluss mit einem Lagerfeuer?

UND GOLD GEHT AN – DIE GUTE KARTOFFEL

Hattest du bisher das Gefühl, dass du auf deinem Gartenboden nichts anbauen kannst, dann ist hier dein Gemüse! Kartoffeln lockern durch ihre Knollen den Gartenboden auf und können deshalb auch auf allen Böden angebaut werden.

Vorkeimen der Kartoffeln

Kartoffeln sind wie viele Nachtschattengewächse frostempfindlich und möchten erst bei warmen Temperaturen in die Erde gelegt werden. Durch das Vorkeimen werden die sogenannten Augen der Kartoffeln „geweckt" und bilden kleine Triebe. Als Augen bezeichnet man die kleinen Einkerbungen an der Oberfläche der Knolle. Legst du deine vorgekeimten Kartoffeln in die Erde, dann wachsen diese rasant und haben gegenüber Beikräutern, die vielleicht in der gleichen Erde schlummern, einen Wachstumsvorsprung.

Durch das Vorkeimen hilfst du deinen Kartoffeln, zu kräftigen und robusten Pflanzen heranzuwachsen. Das Vorkeimen von Kartoffeln ist wesentlich einfacher als das Vorziehen von Gemüsepflanzen, denn die vorgekeimten Saatkartoffeln werden gleich ins Beet gelegt.

So gelingt dir das Vorkeimen

- Kartoffeln mit der Knollenseite, die die meisten Augen aufweist, nach oben legen bzw. aufstellen. Eierkartons eignen sich gut, um die Saatkartoffeln sortiert aufzustellen und sicher zu transportieren, ohne dass die Keime abbrechen.
- Der Raum zum Vorkeimen sollte mäßig warm und hell sein. Ein heller Hausflur eignet sich z.B. sehr gut.
- Die Keimdauer beträgt ca. 14 Tage bei 10–15 °C.
- Bilden sich helle und lange Triebe, dann ist es zu dunkel und du solltest deine Kartoffeln heller aufstellen.

Welche soll es sein?

Die eigenen Kartoffeln sind die besten Saatkartoffeln – diese Erfahrungen darfst du in deinem zweiten oder dritten Gartenjahr machen. Erst einmal brauchst du aber neues Pflanzgut. Saatkartoffeln gibt es im Gartenfachhandel. Kartoffeln aus dem Supermarkt eignen sich nicht, da sie häufig mit keimhemmenden Mitteln behandelt wurden, damit sie länger in gleichbleibender Qualität lagerfähig sind.

Probiere in deinem ersten Gartenjahr verschiedene Sorten als Saatkartoffeln aus, um herauszufinden, welche unter deinen Bedingungen am besten gedeihen und dir am besten schmecken. Achte darauf, dass die verschiedenen Sorten nicht gemischt werden, sondern immer in einer Reihe eine Sorte wächst. Möchtest du dich das gesamte Jahr mit Kartoffeln versorgen, solltest du etwa 30 Knollen pro Person einplanen.

Die Sortenvielfalt an Kartoffeln ist sehr groß. Es lohnt sich, auch einmal alte Sorten wie das 'Bamberger Hörnchen' oder 'La Ratte' auszuprobieren. Durch deinen Anbau trägst du zur Erhaltung der Sorte bei. Diese Kartoffeln gibt es u.a. bei Vereinen wie der Arche Noah in Österreich, die sich hingebungsvoll um den Erhalt alter Sorten bemüht.

ZEIT-SPAR-TIPP

Eine Pflanzung der Kartoffeln ohne Vorkeimen ist ebenso möglich. Die gelegten Kartoffeln werden sich dann etwas mehr Zeit lassen, bis sie ihre grünen Triebe aus dem Boden strecken, wodurch sich die Entwicklung bis zur Ernte um ein paar Wochen nach hinten verschiebt. In warmen Regionen ist das Legen ohne Vorkeimen eine bewährte Methode.

TAG 8:

GEMÜSEREIHEN MARKIEREN

Auch wenn du einen klaren Anbauplan vor Augen oder auf dem Papier hast, kommt es im Garten immer zu spontanen Anpassungen. Damit du den Überblick behältst und dein Saatgut nicht verschwendest, bastelst du heute Reihenmarkierungen.

30 Minuten bis 2 Stunden

eine bis mehrere Personen, schöne Gemeinschaftsaufgabe

DAS KANNST DU NUTZEN:

- ✓ *Steine*
- ✓ *Zerbrochene Keramik oder Tontöpfe*
- ✓ *Schnur*
- ✓ *Mundspatel aus Holz*
- ✓ *Radieschen- und Kressesaatgut*

Besser nicht nutzen:

- ✓ *Alles aus Plastik*
- ✓ *Kleine Pflanzstecker, die beim Kauf von Jungpflanzen im Topf stecken.*
- ✓ *Schilder, über die man leicht stolpern kann.*
- ✓ *Zu große Schilder; sie stehen im Weg und werfen einen Schatten.*
- ✓ *Zu kleine Schilder verschwinden schnell im Beet.*

Große Kulturen wie Kürbis oder Zucchini kannst du bei der Aussaat mit einem (Bambus-)Stock markieren. Auch wenn diese Gemüse unter den richtigen Bedingungen schnell keimen, macht es Sinn, die Aussaatstellen zu kennzeichnen. Sollte nach 7–14 Tagen an der Markierung keine Jungpflanze zu sehen sein, dann hast du immer noch ausreichend Zeit nachzusäen. Bei Saatreihen kommt es darauf an, welches Gemüse du aussäst. Bei schnell keimenden Arten reicht die Markierung mit einem Mundspatel oder du lässt die Pflanzschnur, die du auslegst, um eine gerade Reihe hinzubekommen, einfach liegen.

MARKIEREN LEICHT GEMACHT

Schöne Reihenmarkierungen sind besonders nützlich und attraktiv bei Gemüsearten, die länger im Beet verbleiben. Du hast dann mit den Reihenmarkierungen gleich noch ein dekoratives Element in deinem Gemüsegarten. Steine und Tonscheiben kannst du mit Acrylfarbe oder Acrylstiften bemalen. Die Farbe wird mit einem wetterfesten Klarlack fixiert.

Kurze Äste können mit ein wenig Geschick schnell zu einer Reihenmarkierung geschnitzt werden. Ein angespitztes Ende wird in die Erde gesteckt, das andere schräg abgeschnitten, sodass genug Platz für die Beschriftung entsteht. Hier kannst du mit Bleistift (Härte 4B) deine Gemüsearten notieren. Ja, Bleistift hält hervorragend unterschiedlichem Wetter stand!

Markiersaat

Bei langsam keimenden Gemüsesamen wie Möhren oder Pastinaken findet man die exakt verlaufenden Reihen oft nicht mehr. Dann passiert es, dass über die keimenden Samen gehackt und so die Saat vernichtet wird. Eine pflanzliche Markiersaat leistet dir hier gute Dienste. Unter dem Begriff Markiersaat werden alle Gemüse und Kräuter zusammengefasst, die sehr schnell innerhalb von wenigen Tagen keimen und zügig wachsen und bald erntereif sind, sodass sie die eigentliche Kultur nicht stören.

Radieschen und Kresse sind solche Kandidaten und prädestiniert für die Markiersaat, denn sie entwickeln sich schnell, zeigen die Reihen dadurch an, und bevor das langsam keimende Gemüse richtig mit dem Wachstum loslegt, sind Radieschen oder Kresse schon längst verzehrt.

Säe deine Markiersaat in dieselbe Reihe wie deine Hauptgemüsekultur aus. Bei Radieschen reicht es, wenn du alle 20 cm ein Korn säst. Kresse kannst du auch etwas dichter säen. Schon nach wenigen Tagen keimt deine Markiersaat. Ernte die Kresse nach Bedarf und die Radieschen, sobald sie die Größe eines Tischtennisballs haben oder – wenn deine Hauptkultur wächst und den Platz benötigt – auch schon früher.

Radieschen, die als Markiersaat in einer Reihe mit Möhren stehen, müssen vorsichtig geerntet werden, sodass die Möhrenkeimlinge im Boden verbleiben.

Wäscheklammern aus Holz dienen, an einen Stab gesteckt, auch als Reihenmarkierungen und können besonders schnell und einfach ausgetauscht werden.

TAG 9:

AUSSAATEN IM FRÜHJAHR

Heute säst du die ersten Gemüsesamen direkt in die Erde. Saaten, die direkt ins Freiland kommen und nicht vorgezogen werden, entwickeln sich meist zu robusteren Pflanzen. Auch Steckzwiebeln können jetzt schon in das Gartenbeet.

1 Stunde

eine Person

DAS BRAUCHST DU:

- ✓ *Saatgut*
- ✓ *Steckzwiebeln*
- ✓ *Vorbereitetes Beet*
- ✓ *Harke, Hacke*
- ✓ *Vlies*
- ✓ *Pflanzschnur*
- ✓ *Gießkanne mit Brause*

Bei Gemüse wie Kürbis, Zucchini oder Mangold und Rote Bete ist sowohl das Vorziehen der Pflanze als auch eine Direktsaat möglich. Solltest du nicht in einer auffallend kalten Region wohnen, dann ist die Direktsaat immer die einfachere und arbeitsparendere Anbaumethode. Die Gemüsesamen schlummern in der Erde und entscheiden selbst, wann es für sie die beste Zeit ist zu keimen. Sie sind von Beginn an den Bedingungen ihres Standortes ausgesetzt und können sich besser daran anpassen. Vorgezogenes Gemüse erleidet beim Umpflanzen oft einen „Pflanzschock", der das Wachstum der Pflanzen erst einmal zum Stocken bringen kann. Sie sind in diesem Zeitraum anfälliger für Schädlinge und Krankheiten. Immer wenn die Möglichkeit besteht und die Umgebungsbedingungen es zulassen, solltest du dein Saatgut direkt in die Erde säen.

DIE BESTEN BEDINGUNGEN

Bei der Direktsaat werden im Gegensatz zum Vorziehen die Samen direkt in das Gemüsebeet eingesät. Dort verbleiben sie bis zur Ernte. Der Boden sollte sorgfältig vorbereitet und feinkrümelig sein, damit die Samen einen guten Start haben und es ihnen leichtfällt, ein kräftiges Wurzelwerk auszubilden. Dein Boden sollte gelockert und frei von Steinen und Beikräutern sein.

Säe nicht zu früh aus. Die limitierenden Faktoren im Frühjahr sind die Sonnenstunden und die Boden- und Außentemperaturen. Ob der aktuelle Monat für deine Gemüseart geeignet ist, steht auf der Saatgutverpackung. Da dort meist eine zeitliche Spanne angegeben ist, musst du dennoch die Entscheidung treffen, wann du die Samen in die Erde bringst. Mach dir Gedanken, ob die Bedingungen schon passen und du mit der Aussaat beginnen kannst. Wenn es dir in den „Fingern juckt" und du trotz zu niedriger Bodentemperaturen, trotz vorhergesagtem Schneefall oder anderer Widrigkeiten endlich aussäen möchtest, überlege dir: Ist es bei diesem Saatgut schlimm, wenn es nicht aufgeht, weil du sowieso genügend Samen hast und eventuell nachsäen kannst oder gehst du das Risiko selbst bei einer geringen Menge an Saatgut ein und du freust dich, wenn du schon früher ernten kannst? Mit einem hellen, lichtdurchlässigen Vlies werden die Samen vor Kälte geschützt. Bei sehr früher Aussaat lohnt es sich, das Beet abzudecken.

AUSSAATEN IM MÄRZ

- ✓ *Einfach zu kultivierendes Gemüse: Kresse, Steckzwiebeln, Radieschen, Zuckerschoten*
- ✓ *Mittelschwer zu kultivierendes Gemüse: Erbsen, Pflücksalate, Ackerbohnen, frühe Möhrensorten*
- ✓ *Gemüse für Fortgeschrittene: Mairüben, Spinat, Pastinaken*

PASTINAKEN (*PASTINACA SATIVA*)

Das Gemüse war lange Zeit ein Grundnahrungsmittel, wurde dann aber von Möhren und auch von Kartoffeln vom Speiseplan verdrängt. Pastinaken kannst du ab März aussäen, allerdings keimen sie relativ schlecht und ziemlich langsam. Eine Markiersaat (siehe Seite 69) zeigt dir an, wo die Reihe liegt. Wenn die Reihen im Juni noch sehr licht sind, kannst du in diesem Monat noch nachsäen. Sind die Pflänzchen einige Zentimeter hoch, vereinzelst du auf 15–20 cm. Ab Oktober bis zum nächsten Frühjahr ist Erntezeit.

AUSSAATTECHNIKEN

Es gibt verschiedene Möglichkeiten, wie du das Saatgut in die Erde bringst. Welche Technik du anwendest, hängt vor allem auch vom Saatgut selbst ab, z. B. von der Größe der Körner oder ob sie Licht oder Dunkelheit zum Keimen benötigen.

Eine breitwürfige Aussaat von z.B. Pflücksalaten oder Spinat geht kinderleicht.

Ab in die Reihe

Saatgut in einer Reihe auszusäen, macht bei allen Wurzelgemüsen wie Möhren und Rote Bete sowie bei Salaten und kleineren Blattgewächsen wie Spinat und Mangold Sinn. Das ist platzeffizient und du kannst Beikraut und Gemüse gut unterscheiden, da idealerweise alle Gemüsesamen in der Reihe wachsen und was rundherum tanzt, Beikraut ist. Das Entfernen der Beikräuter in der Reihe ist auch einfacher, als um die Gemüsepflanzen herumzukreisen.

Eine Saatreihe kannst du mit der Kopfseite eines Gartengerätstiels ziehen. Hast du etwas Probleme, eine gerade Linie zu ziehen, dann solltest du eine Schnur an zwei Holzstöcken zu Hilfe nehmen, die du über die Länge des Beetes spannst, nachschaust, ob die Linie gerade ist, und dann deine Linie ziehst. Ganz einfach bekommst du eine gerade Linie auch hin, indem du dein Gartengerät auf den Boden legst und den Stiel in den Boden drückst. Das funktioniert auch easy, wenn Kinder gärtnern! Wenn die Reihe gezogen ist, kannst du dein Gartenbeet mit einer Brause vorsichtig wässern, sodass die Erde gut durchweicht ist, aber gleichzeitig deine Linie nicht verschwemmt.

Und nun kommen die Samenkörner in die Saatreihe. Damit die Körner den richtigen Abstand zueinander haben, kannst du die Angaben auf der Saatgutpackung als Anhaltspunkt nehmen. Meist säe ich aber etwas enger aus. Sollten zu viele Gemüsepflänzchen wachsen, dann können die schwächeren Exemplare später immer noch ausgedünnt werden. Hier spielt jedoch auch das Saatgut eine Rolle. Ist es eine Sorte, von der ich sehr viel zur Verfügung habe, dann gehe ich damit verschwenderischer um und säe auch mal etwas früher als empfohlen aus. Habe ich nur wenige Samen, dann warte ich auf den vermeintlich perfekten Zeitpunkt. Wurzelgemüse in der Reihe ausgesät, kannst du gut mit Markiersaat sichtbar machen.

Hast du Lichtkeimer wie z. B. Salat ausgesät, dann reicht es, wenn du die Reihe mit dem Gartengerätstiel etwas andrückst. So haben die Samen einen guten Kontakt zum Boden und dennoch den Lichtreiz, den sie zum Keimen benötigen. Dunkelkeimer wie Mangold deckst du jetzt mit einer feinkrümeligen Erdschicht zu und drückst sie mit dem Rechenrücken leicht an. Reihenmarkierung nicht vergessen und erneutes vorsichtiges Gießen mit der Brause der Gießkanne.

SANFT GIESSEN

Drehst du die Brause auf der Gießkanne so, dass die breite Seite Richtung Beet zeigt, dann ist die Fläche, auf die gegossen wird, noch breiter und der Strahl des Wassers sanfter.

Breitwürfig aussäen

Saatgut breitwürfig aussäen heißt, dass es mit einem Armschwung möglichst flächig verteilt ausgebracht wird. Beim breitwürfigen Aussäen kannst du auf eine Saatreihe oder einzelne Aussaatstellen verzichten. Das ist eine effiziente Flächennutzung. Die breitwürfige Aussaat eignet sich gut für Blumen, Kräuter, Gründüngung und Mischungen wie unterschiedliche Pflücksalate. Allerdings werden bei der flächigen Aussaatmethode Beikräuter oft erst später erkannt, wenn sie schon größer sind. Außerdem ist das Jäten etwas schwieriger. Die Aussaatmethode eignet sich für Saatgut, das schnell und zuverlässig keimt. Auch die Pflanzabstände werden bei dieser Aussaatmethode nicht konsequent eingehalten, doch für ein buntes Blumenbeet oder einen schönen Salatmix ist das nicht relevant. Übrigens: Breitwürfig ausgesäte Samen sind häufig Lichtkeimer. Schütze dein frisches Saatbeet mit einem Kulturschutznetz vor neugierigen Vögeln.

Saatbänder

Ein Saatband ist ein langer Streifen aus kompostierbarem Papier bzw. Vlies, der die Saatkörner im richtigen Pflanzabstand zueinander enthält. Sie werden in die gut vorbereitete und feinkrümelige Aussaatreihe gelegt, mit Erde bedeckt und gewässert. Am besten gibst du das Saatband vor dem Auslegen in eine Schale mit Wasser, damit es sich vollsaugen kann. Saatbänder oder auch Saatscheiben sind für kleine Gemüsesorten wie Möhren, Radieschen oder Salate und auch Kräuter gut geeignet. Sie sind auch eine schöne Idee zum Gärtnern mit Kindern, aber nicht wirklich notwendig für eine einfache Aussaat.

Das Papier bzw. das Vlies des Saatbandes verrottet nach einigen Wochen im Boden und wird zu Humus. Der Vorteil: Das Gemüse keimt im richtigen Abstand zueinander auf.

Mit dem Stiel eines Gartengerätes kannst du eine gerade Saatrille in den Gartenboden drücken.

SO FUNKTIONIERT'S MIT ZWIEBELN

Zwiebeln können durch drei unterschiedliche Methoden angebaut werden. Du kannst Zwiebelsaatgut direkt ins Beet säen, wobei die Möglichkeit besteht, dass das Saatgut nicht oder nur unregelmäßig aufgeht. Eine weitere verbreitete Methode ist es, Zwiebelsamen in Töpfchen auszusäen und vorzuziehen und dann als junge Pflanze ins Beet einzusetzen. Zwiebelsaatgut bietet eine große Vielfalt unterschiedlicher Zwiebelsorten. Am einfachsten ist die dritte Möglichkeit: Zwiebeln stecken. Da diese Methode sehr sicher zum zwiebeligen Erfolg führen wird und keine zusätzlichen Arbeitsschritte notwendig sind, ist das mein Favorit in puncto Zwiebelanbau. Ich erkläre dir, wie du vorgehst.

Ob Saatgut oder Steckzwiebeln, achte auf die Sorte und die Angaben. Es gibt nämlich auch Wintersteckzwiebeln, die im September oder Oktober in die Erde kommen und im darauffolgenden Juni geerntet werden können. Wenn du Spaß am Gärtnern bekommen hast und im Herbst einfach weitermachen möchtest, sind Wintersteckzwiebeln jetzt genau richtig für dich.

Darauf solltest du beim Kauf achten

Wähle beim Kauf einen Beutel mit kleineren Steckzwiebeln aus – da sind einfach mehr Zwiebeln drin und große Steckzwiebeln haben keinen Vorteil gegenüber den kleineren Exemplaren. Kannst du schon beim Kauf die ersten keimenden Zwiebeln entdecken, ist das erst mal kein Problem, solange der Keim noch klein und die Zwiebel fest ist. Bemerkst du weiche Stellen oder einen leicht fauligen Zwiebelgeruch, dann solltest du die Finger von diesen Steckzwiebeln lassen. Als Sorten kann ich dir 'Stuttgarter Riesen' und 'Sturon' emp-

Für die flachen Zwiebelwurzeln muss der Gartenboden nur oberflächlich gelockert werden.

Das obere Drittel der Steckzwiebel darf und sollte nach dem Stecken noch aus dem Boden schauen.

Entweder du mit der Gießkanne oder der nächste Regenschauer gießen die gesteckten Zwiebeln an.

fehlen. Gelbe Sorten sind übrigens länger lagerfähig als rote und sie sind etwas schärfer im Geschmack.

Schritt für Schritt

Bevor es losgeht: Sind auf deinem Zwiebelbeet mindestens in den letzten zwei Jahren keine Zwiebeln oder Lauch angebaut worden, kannst du starten. Ist das nicht der Fall, solltest du eventuell ein anderes Beet auswählen. Es könnten sich nämlich Zwiebelschädlinge im Boden angesiedelt haben, die sich über dein Gemüse hermachen.

1: Lockere deinen Boden grob auf. Es muss aber nicht so feinkrümelig wie bei der Direktsaat von Gemüsesamen zugehen, sogar kleine Pflanzenteile oder Äste dürfen im Beet liegen.

2: Der Pflanzabstand bei Zwiebeln liegt bei 5–10 cm in der Reihe, wobei ich auch schon bei enger gesteckten Zwiebeln gute Erfolge gesehen habe. Lass zwischen den Zwiebelreihen und in der Reihe trotzdem ausreichend Platz, zum Hacken der Beikräuter, die wachsen nämlich schneller als Zwiebeln und müssen entfernt werden. Stehen sie zu eng, dann kommst du später schlecht durch die Zwiebelreihen.

3: Mit der Spitze nach oben werden die Steckzwiebeln in die Erde gedrückt. Das Köpfchen (in etwa ein Drittel der Steckzwiebel) darf über den Boden schauen und sich umgucken. Nun kannst du das Gartenbeet mit Gießkanne und Brause durchdringend wässern.

Möhren, Bohnenkraut, Dill, Erdbeeren, Gurken und Kopfsalat freuen sich als Beetnachbarn über die Gesellschaft der scharf riechenden Zwiebelgewächse.

Durch das Wurzelwachstum springen die Steckzwiebeln in den ersten Wochen etwas aus dem Boden heraus. Das ist normal, nur selten sind hierbei Vögel im Spiel. Sind einzelne Zwiebeln aus ihrem Pflanzplatz herausgefallen, können sie zurückgesteckt werden. Nach wenigen Tagen zeigen sich schon die ersten Triebe deiner zwiebeligen Freunde. In der Saison benötigen sie wenig Aufmerksamkeit und sollten nur sparsam gewässert und gar nicht gedüngt werden.

Zwiebeln und Möhren bilden die perfekte Mischkultur und wachsen auch im Hochbeet gut zusammen.

ZEIT-SPAR-TIPP

Hast du bereits in vorherigen Jahren auf der Fläche Gemüse oder vielleicht Blumen angebaut, dann haben sich einige davon vielleicht ausgesamt und keimen im Laufe der Saison. Lass Gemüse, das du gerne hast, einfach stehen und entferne nur, was dich stört.

APRIL

Aktionstage im April

Im April blüht der Garten auf. Du kannst Gemüsepflanzen und Beikräutern bei ihrem schnellen Wachstum zuschauen. Schütze die jungen Pflanzen je nach Wetter noch mit Netzen oder Vliesen, decke sie aber rechtzeitig auf, damit die Sonne den Boden erwärmt. Der April eignet sich gut, um schnellwachsende Kulturen im versetzten Rhythmus auszusäen und eine regelmäßige Ernte vorzubereiten.

Aktionstag 10: Jetzt werden Rankhilfen aufgestellt, für alle Gemüse, die die dritte Dimension erobern.

Aktionstag 11: Der April ist ein guter Monat, um Pflanzenjauchen herzustellen.

Aktionstag 12: Ran an die Arbeit: Deine Beete können mit dem Grubber bearbeitet werden.

Aktionstag 13: Es ist so weit: Die vorgekeimten Kartoffeln kommen ins Beet.

TAG 10:

RANKHILFEN AUFSTELLEN

Rankende Gemüse bereichern unsere Gärten in vielerlei Weise. Sie sind platzsparend, können als Sichtschutz eingesetzt werden und eignen sich häufig als gute Mischkulturpartner. Stelle deine Rankhilfen vor der Aussaat auf, damit die Keimung nicht behindert wird.

3 Stunden

Gemeinschaftsaufgabe

AS BRAUCHST DU:

- ✓ *Bambusstäbe*
- ✓ *Ranknetz oder -gitter*
- ✓ *Äste (z. B. Haselnuss, Durchmesser ca. 5 cm und Länge 2–3 m)*
- ✓ *Spaten*
- ✓ *Schnur*

Stangenbohnen können sich viele Meter in die Höhe winden. Doch sei nicht so übermütig wie Hans in dem englischen Märchen „Hans und die Bohnenranke". Deine Rankhilfe sollte nur so hoch sein, dass du sie auch gut abernten kannst, ohne dich in Gefahr zu bringen.

BOHNEN-TIPI BAUEN

2–3 m lange Haselnussäste, zu einem Tipi zusammengestellt, eignen sich beispielsweise gut als Stütze für deine Bohnen. So kannst du die Spitze leicht direkt oder mit einer kleinen Trittleiter erreichen.

1: Stelle dein Bohnen-Tipi in der Nordwestseite des Gartens auf, damit das dichte Blätterwerk anderen Pflanzen nicht das Licht raubt. Das Bohnen-Tipi lässt sich ganz einfach mit ein oder zwei weiteren Gartenhelfern aufbauen.

2: Stellt euch zunächst in einem Dreieck auf und peilt grob einen guten Winkel an. Bohnenstangen werden schräg aufgestellt, da sich die Bohnen in die Höhe winden und im Gegensatz zu Zuckerschoten keine Ranken ausbilden. Stellt die Äste so auf, dass sie sich kurz vor der Spitze überkreuzen und sich gegenseitig stützen.

3: An den Stellen im Boden, die die Äste berühren, könnt ihr nun drei 50 cm tiefe Löcher graben. Setzt die Äste in die Löcher und füllt diese mit Erde, die immer wieder angedrückt wird, bis das Konstrukt einen stabilen Eindruck macht. Eine Schnur an der überkreuzten Stelle bietet zusätzlichen Halt.

Deine Bohnen kannst du im Mai rund um die einzelnen Äste aussäen. So können sie sich bald nach dem Aufgang in die Höhe winden und bilden mit ihrem Blätterdach bald ein kleines Tipi zum Verstecken. Bohnen sind linkswindend. Möchtest du sie bei der Windung um die Stange unterstützen, dann drehe sie immer linksherum.

Im Beet aufgestellte, gekreuzte Bohnenstangen sind ein schöner Klassiker im Garten – sie benötigen etwas mehr Raum als ein einzelnes Tipi, sind einmal aufgestellt aber auch ein guter Sichtschutz.

ZUCKERERBSEN-RANKGITTER AUFSTELLEN

Zuckererbsen sind im Gegensatz zu Bohnen keine windenden, sondern rankende Pflanzen. Sie können auch am Boden bleiben, dann besteht für die Hülsen aber die Gefahr, Schneckenfraß zum Opfer zu fallen. Die rankenden Zuckererbsen wachsen außerdem besser und stärker, wenn sie sich mit ihren kleinen Rankarmen an einer Stütze festhalten können und nicht ins Leere greifen müssen. Das Rankgitter verbessert die Qualität der Hülsen und erhöht den Ernteertrag.

Als Rankhilfe eignen sich Bambusstäbe oder auch verzweigte Äste, die im Garten gesammelt wurden. Wichtig für die kleinen Ranken ist es, dass die Rankhilfe einen kleinen Durchmesser hat von maximal 0,5–1 cm.

NATÜRLICHE RANKHILFEN

Du kannst in deinem Garten auch bestehende Elemente wie Zäune oder Pfosten von anderen Gartenelementen als Rankhilfe nutzen. Auch Maispflanzen haben einen sehr stabilen Stand im Boden und können eine Rankhilfe für Stangenbohnen sein. Diese Mischkultur begünstigt sich nicht nur durch die Standfestigkeit im Beet, sondern auch durch die Kombination der Nährstoffe, die in den Boden eingebracht werden und von den Pflanzen zum Wachstum benötigt werden. So speichern Bohnen Stickstoff im Boden, den die Maispflanzen für ihr Wachstum nutzen können.

Rankgitter aus Metall

Möchtest du für deine Zuckererbsen oder Kletterbohnen ein Rankgitter aus Metall aufstellen und nicht nur Äste und Stäbe verwenden, dann kannst du die Kletterhilfen im März auf die noch leeren Beete an ihre gewünschte Stelle platzieren. Denke beim Aufstellen daran, dass das Rankgitter und die rankenden Gewächse nach einigen Wochen einen Schatten werfen werden.

Zuckerschoten bilden Ranken, mit denen sie sich um ihr Rankgerüst schlingen und nach oben wachsen.

TOMATEN-RANKHILFE

Wenn du dem Wuchs der Tomaten einfach seinen Lauf lassen würdest, dann würden sie kriechend über den Boden wachsen und nicht in die Höhe. Überall am Stiel würden sich neue Wurzeln bilden und die Pflanze im Boden befestigen. Das geht natürlich auch, aber die Früchte und auch die ganze Pflanze sind am Boden besonders heiklen Umständen ausgesetzt. Die Sonne kommt nur an eine Seite der Früchte, weshalb sie unterschiedlich reifen, Pflanze und Früchte werden bei Niederschlägen feucht und sind dann leicht mit den typischen Tomatenkrankheiten befallen. Die Kulturtechnik des Hochbindens von Tomaten macht deshalb nicht nur in feuchten Regionen Sinn, zumal man sich beim Ernten auch nicht bücken muss.

Hier erkläre ich dir, wie du die Rankhilfe installierst.

1: Tomaten werden an einzelnen Rankstäben oder an Rankschnüren in die Höhe geleitet. Sie entwickeln keine Ranken wie die Zuckerschoten oder winden sich mit ihren Trieben in einer Richtung nach oben. Tomaten müssen angeleitet und angebunden werden, damit sie nicht umknicken. Das ist vor allem bei schweren Früchten schnell passiert. Spiralförmige Rankstäbe geben guten Halt, da sie die Tomate in einer stabilen Form gera-

Bohnen sind linkswindend und ranken immer gegen den Uhrzeigersinn an ihrem Gerüst empor.

Für ein Bohnen-Tipi werden mindestens drei größere Äste miteinander verbunden aufgestellt.

de in die Höhe leiten. Auch gerade Metallstäbe oder Holzstiele kannst du als Rankhilfe für Tomaten nutzen.

2: Stehen deine Tomaten im Freiland, ist es wichtig, dass die Rankhilfe tief im Boden verankert wird und die Tomate regelmäßig an ihre Rankhilfe festgebunden wird. Die Gefahr, dass die Triebe bei einem Sturm abbrechen, ist sonst sehr hoch. Ein geschützter Standort für deine Tomaten kann aber Abhilfe schaffen.

3: Rankstäbe sind in ihrer Höhe immer begrenzt. Das ist schade, denn die meisten Tomatenpflanzen können wesentlich höher (bis zu 3 m hoch) werden. Wenn es möglich ist, kannst du die Tomaten aber auch an Schnüren nach oben leiten. Das wird vor allem im professionellen Gartenanbau im Gewächshaus so gemacht. So können die Pflanzen problemlos weiterwachsen, ohne dabei umzuknicken.

WEITERE KLETTERKÜNSTLER

- ➜ Echte Kletterkünstler sind Zucchini und Kürbisse nicht, aber sie bilden lange Ranken und können deshalb auch in die Höhe wachsen, angeleitet an stabilen Gerüsten. Vor allem Kürbisse mit kleineren Früchten sind gut geeignet, du musst aber stets ein Auge auf die Entwicklung haben und die Früchte eventuell stabilisieren, damit sich nicht abbrechen. Metallgerüste sehen hübsch aus und sind genau richtig für 2–3 Kürbispflanzen.
- ➜ Besonders dekorativ sind Mexikanische Minigurken, die man tatsächlich als Kletterkünstler bezeichnen kann. Sie ranken sich kreisförmig nach oben und machen z. B. an Obelisken gepflanzt echt was her. Die kleinen Früchte schmecken sehr gut und sind auch bei Kindern beliebt.

Tomaten entwickeln keine Ranken und müssen an ihrem Rankstab zusätzlich festgebunden werden.

- ➜ Kapuzinererbsen sind eine Besonderheit und sehen an Rankgittern emporgeleitet sehr dekorativ aus. Sie werden bis zu 1,8 m hoch. Du kannst die flachen Hülsen ernten oder die Erbsen.

ZEIT-SPAR-TIPP

Ist dein Garten groß genug, kannst du auf rankende Gemüsearten verzichten und nur die Gemüse auswählen, die auch ohne Rankhilfe auskommen. Säe Buschbohnen anstelle von Stangenbohnen. Pflanze Wildtomaten wie die Rote Ribisel, die sich auch über den Boden ausbreiten, ohne Fäulnis zu bekommen, und pflanze Freilandgurken anstelle von Schlangengurken an. Zuckerschoten kannst du z.B. von einem Hochbeet runterhängen lassen.

TAG 11:

PFLANZENJAUCHEN HERSTELLEN UND DÜNGEN

Heute kannst du einen Meal-Prep für deine Gemüsepflanzen vorbereiten. Genau wie du mögen es die Pflanzen nicht, wenn sie einem Nährstoffmangel ausgesetzt sind, und es lohnt sich, mit einem guten Dünger vorzubeugen. Füttere deine hungrigen (starkzehrenden) Pflanzen rechtzeitig mit Nährstoffen.

30 Minuten; so lange musst du warten: 1 Woche

eine Person

DAS BRAUCHST DU:

- ✓ *Eimer aus Holz oder Plastik in verschiedenen Größen mit Deckel*
- ✓ *Holzstäbe oder Äste zum Umrühren*
- ✓ *Drahtgitter zum Abdecken der Eimer*
- ✓ *Eine aussortierte Tasse oder Glas*
- ✓ *Urgesteinsmehl*

Pflanzenjauchen sind ein gutes Beispiel dafür, wie im Garten der Ressourcen-Kreislauf umgesetzt werden kann. Aus Beikraut wird flüssiges Pflanzengold gemacht! Verwende für die Zubereitung deiner Jauchen Plastik- oder Holzmaterialien. Metallgefäße sind nicht geeignet, da bei der Gärung chemische Verbindungen entstehen können.

„FLÜSSIGES GOLD" FÜR DEN GARTEN

Aus Beikräutern, Wildkräutern oder anderen Pflanzen bzw. organischem Material selbst Dünger herzustellen und die Pflanzen damit zu versorgen, ist absolut nachhaltig und umweltfreundlich. Theoretisch können auch tierische Ausscheidungen als Dünger eingesetzt werden. Hier gibt es allerdings wesentlich mehr Punkte zu beachten als bei pflanzlichen Materialien. Die Tiere sollten zum Zeitpunkt der Ausscheidung möglichst gesund sein und keine Medikamente eingenommen haben. Weiterhin muss der Dünger trocknen, bevor er ausgebracht wird, da sonst die Gefahr eines Parasitenbefalls, der auch auf die Pflanzen übergehen kann, möglich ist. Ein kleiner Salatsnack direkt aus dem Gemüsegarten ist dann nicht mehr zu empfehlen. Hast du eine gute Bezugsquelle für tierischen Dünger, dann informiere dich ausführlich über die Pflege und den Gesundheitszustand der Tiere, bevor du den Dünger in deinem Garten ausbringst.

Pflanzliche Jauche

Für eine pflanzliche Jauche eignen sich typische Beikräuter, die in jedem Garten zu finden sind wie Brennnesseln und Ackerschachtelhalm.

1: Lege 2 Handvoll Beikräuter in 1 l Regenwasser oder fülle locker Beikräuter bis zum Rand in einen Eimer und fülle mit genügend Wasser auf.

2: Stelle den Eimer an einen warmen und sonnigen Ort. Durch die Wärme wird die Gärung der Beikräuter angeregt.

3: Um die Geruchsentwicklung etwas einzudämmen, kannst du eine Handvoll Urgesteinsmehl der Mischung hinzugeben. Generell empfiehlt es sich aber, dass der Jaucheeimer nicht in der Nähe einer Sitzecke steht.

4: Nach wenigen Tagen bis zu einer Woche (Wartezeit) ist die Gärung abgeschlossen. Rühre mit einem Ast das Gemisch kräftig um. Schäumt dieses auf, dann ist die Gärung noch im Gange und du musst noch ein paar Tage warten, bis du sie für deine Pflanzen nutzen kannst. Sobald das Gemisch nicht mehr schäumt, ist die Jauche fertig.

5: Verdünne die Jauche in etwa 1:10 mit Gießwasser und gieße deine starkzehrenden Pflanzen im Wurzelbereich mit der Mischung. Tendenziell kannst du die Jauche auch weiter verdünnen, da sie sehr stickstoff- und kalihaltig ist. Um die Jauche aus dem Eimer zu entnehmen, kannst du eine alte Tasse nutzen.

Im Verlauf der Gartensaison kannst du weitere Jauchen ansetzen, um eine regelmäßige Zufuhr für deine Pflanzen zu gewährleisten. Alternativ kannst du deine bestehende Jauche auch immer wieder neu mit Beikräutern und Wasser nachfüllen.

Es gibt verschiedene Beikräuter in deinem Garten, die du nutzen kannst. Sie liefern als Jauche auch unterschiedliche Inhaltsstoffe. Brennnesseln sind die populärsten Kräuter, die für die Düngung genutzt werden. Aber auch Beinwell und Schachtelhalm eignen sich gut.

Brennnesseln zeigen einen stickstoffhaltigen Boden an und wachsen gerne neben dem Kompost.

Wildkräuter und Beikräuter sind auf jeden Fall immer zur Hand, wenn du deinen Garten naturnah bewirtschaftest. Neben Brennnesseln kannst du gut Ackerschachtelhalm, Löwenzahn und Rainfarn für Jauchen verwenden. Aber auch Blätter von Gemüse oder Zierpflanzen sind sehr brauchbar, z. B. von Kapuzinerkresse, Rhabarber und Tomaten.

DÜNGEBEDARF DEINER PFLANZEN

Generell gilt, dass alle Gemüsepflanzen, die Früchte ausbilden, einen höheren Düngebedarf haben als Wurzel- oder Blattgemüse. Fruchtgemüse verbrauchen beim Wachstum viel Wasser und entsprechend viele Nährstoffe. Werden Salat, Spinat und Co. zu stark gedüngt, dann lagern sie verstärkt Nitrate in ihren Blättern an. Die Aufnahme von zu hohen Mengen Nitrat kann durch die Umwandlung zu Nitrit im Körper besonders für Säuglinge gefährlich werden. Ich lege dir bei der Düngung organischen Dünger ans Herz, der umweltfreundlicher und nachhaltiger ist als die mineralische Variante.

Als Vogelschutz wird ein Gitter oder auch ein Deckel mit Luftlöchern auf den Jaucheeimer gesetzt.

NICHT DÜNGEN:

- ✓ *Möhren, Pastinaken, Wurzelpetersilie*
- ✓ *Mangold*
- ✓ *Spinat*
- ✓ *Salat*
- ✓ *Radieschen*
- ✓ *Rucola*
- ✓ *Erbsen*
- ✓ *Bohnen*

BEI DER PFLANZUNG DÜNGEN:

- ✓ *Kartoffeln*
- ✓ *Zwiebeln*
- ✓ *Rote Bete*
- ✓ *Fenchel*
- ✓ *Kohlrabi*

2–3 × IN DER SAISON DÜNGEN:

- ✓ *Mais*
- ✓ *Knoblauch*

ALLE 2–3 WOCHEN DÜNGEN:

- ✓ *Tomaten*
- ✓ *Kohl*
- ✓ *Zucchini*
- ✓ *Kürbis*
- ✓ *Gurke*

Flüssigdünger: Anwendung

Die Aufnahme von Pflanzenjauchen erfolgt über die Wurzeln deiner Gemüsepflanzen. Zunächst ist es also wichtig, dass dein Boden und das Bodenleben gesund gehalten werden. Ein aufgelockerter Boden kann Flüssigkeiten und Nährstoffe gut aufnehmen, die Wurzeln können den Boden gut durchwurzeln und die Nährstoffe nach Bedarf herausfiltern. Gemulchte Böden halten außerdem das Bodenleben aktiv und das kommt natürlich auch den Pflanzen zugute.

Gib ausreichend Pflanzenjauche an den Wurzelbereich deiner Gemüsepflanzen. Alle zwei Wochen 3 l verdünnte Jauche je Pflanze sind ein Richtwert für dich. Das Gute bei den Pflanzenjauchen ist, dass es keine Überdüngung gibt. Wenn du gießt, solltest du am besten nicht den Brauseaufsatz auf der Gießkanne verwenden. Das Wasser bzw. die Pflanzenjauche bleibt dann nämlich eher in der Mulchschicht hängen. Nimm die Brause ab, dann kannst du direkt im Wurzelbereich gießen und vermeidest außerdem das Wässern der Gemüseblätter.

TIPPS ZUM DÜNGEN

- ➜ Immer im Wurzelbereich, aber nicht direkt am Stiel gießen, am besten mit einem Abstand von ca. 5 cm.
- ➜ Bei Starkregen wird der Dünger mehr oder weniger stark ausgewaschen, am meisten an hängigen Ecken. Du solltest nachdüngen.
- ➜ Wenn der Boden leicht feucht und der Himmel bedeckt ist, ist ein guter Zeitpunkt zum Düngen.
- ➜ Wenn der Boden sehr trocken und verdichtet ist und der Tag sehr heiß, dann ist ein schlechter Zeitpunkt zum Düngen.

Überdüngung vermeiden

Mit einem gekauften synthetischen Flüssigdünger werden im Gegensatz zu Pflanzenjauchen die Nährstoffe schneller für die Pflanze verfügbar gemacht als mit einem festen organischen Dünger, der sich noch auflösen muss. Deshalb besteht bei einer Flüssigdüngung die Möglichkeit der Überdüngung. Du erkennst das meist an dunkelgrünen Blättern, die sich einrollen. Dünge am besten nur in den Wachstumsphasen der Pflanze, im Spätsommer, Herbst und Winter ist keine Düngung notwendig. Halte dich an die Verdünnungstipps aus diesem Buch oder schau auf der Verpackung deines Flüssigdüngers nach. Nach einer Düngung solltest du immer einige Tage abwarten. Der Dünger ist gut angekommen, wenn die

Als Starkzehrer werden Zucchini regelmäßig im Laufe der Wachstumsphase mit Dünger versorgt.

neu gebildeten Blätter sich in einem frischen und kräftigen Grün zeigen.

Hast du es doch einmal zu gut gemeint und die Pflanzenblätter zeigen Anzeichen einer Überdüngung, dann kannst du zum einen kräftig wässern, um weitere Nährstoffe aus dem Boden auszuwaschen, und zum anderen heißt es, geduldig abzuwarten, denn wenn du jetzt nicht mehr nachdüngst, wächst sich die Überdüngung aus.

> **ZEIT-SPAR-TIPP**
>
> Verwende Langzeitdünger wie gepresste Düngepellets, die sich nach und nach auflösen und ihre Nährstoffe an den Boden abgeben. So ersparst du dir häufiges Düngen. Auch eine gut durchmischte Mulchschicht mit unterschiedlichen Materialien wirkt als Langzeitdünger und erspart dir häufiges Nachdüngen.

TAG 12:

RAN AN DIE HACKEN

Das Hacken ist eine der wichtigsten Gartenarbeiten in deinem Garten. Du und der Grubber werden noch beste Freunde werden. Eine gute Bodenpflege in deinem Garten bewirkt Wunder und spart auf lange Sicht Zeit. Wichtig: Mit Hacken ist nicht das Entfernen von Beikräutern gemeint, denn diese stören nicht immer.

3 Stunden

alleine oder zu zweit

DAS BRAUCHST DU:

- ✓ *Grubber*
- ✓ *Handgrubber*
- ✓ *Beikrautstecher*
- ✓ *Schaufel*
- ✓ *Eimer*

Mit einem regelmäßig aufgelockerten Boden kannst du nicht nur deine Beikräuter eindämmen, sondern den Boden auch besser zugänglich machen für eine Versorgung mit Wasser, Nährstoffen und Luft. Ein feinkrümeliger Boden ist zudem für viele Schädlinge wie Schnecken und Erdflöhe unattraktiver.

DAS KLEINE HACKEN-EINMALEINS

Bist du dir noch nicht sicher, welche Pflanze Beikraut (Unkraut) und welche Pflanze Gemüse sein wird, dann starte nicht zu früh mit dem Hacken. So hat sich nämlich schon manch ein Gärtner die erste Möhrenreihe zerhackt. Besonders im Frühjahr und wenn du noch keine Erfahrung hast, musst du versuchen eine Balance zu finden, zwischen Pflanzen erkennen und Beikraut hacken. Später in der Gartensaison brauchst du es mit den Beikräutern nicht so ernst nehmen. Sind deine Gemüsepflanzen schon groß gewachsen, dann stören kleine Beikräuter sie nicht. Du solltest lediglich aufpassen, dass sie nicht stark wuchern oder aussamen.

Wann muss der Boden gehackt werden?

Dein Gartenboden gibt dir verschiedene Signale, anhand derer du erkennen kannst, dass gehackt werden sollte.

1: Ganz offensichtlich wird es, sobald die Beikräuter wachsen und überhandnehmen. Dann solltest du zu Hacke und Eimer greifen und die Beikräuter zupfen und den Boden gut durchlockern.

2: Auch eine verdichtete Oberfläche oder eine Kruste, die sich auf deinem Gartenboden bildet, ist ein guter Hinweis, die oberste Erdschicht aufzuwühlen. Diese Kruste versiegelt den Boden, sodass wertvolles Regenwasser nicht eindringen kann und kaum Sauerstoffaustausch stattfindet. Durch das Hacken zerstörst du auch wasserführende Adern im Boden. Das ist gut, denn dadurch wird eine zu starke Verdunstung von Wasser verhindert.

3: Ein weiterer guter Anlass, um den Boden zu hacken, ist ein angekündigter Regenguss. Ein aufgelockerter Boden kann die Flüssigkeit wesentlich besser aufnehmen als ein steinharter Boden.

4: Auch nach dem Regen lohnt es sich, noch mal schnell durchzuhacken, damit der Boden im Nachhinein keine Kruste ausbildet.

Warum Beikräuter entfernt werden

Beikräuter oder auch Unkräuter werden in deinem Gemüsegarten ganz von alleine wachsen. Samen, die schon seit Jahrzehnten in deiner Erde schlummern, werden sich ganz besonders über das frisch aufbereitete Beet freuen und es übernehmen, wenn du sie lässt. Lässt du deinen Gartenboden zu lange unbepflanzt, dann wird die Fläche dennoch schnell grün – so wie jede Fläche in der Natur. Doch Beikräuter stehen im Anbau in Konkurrenz mit deinen Gemüsepflanzen um Licht, Nährstoffe und Wasser. Damit deine Gemüsepflanzen ideal wachsen können, müssen die Beikräuter zu bestimmten Zeitpunkten der Kultur in Schach gehalten werden.

Dabei müssen Beikräuter nicht aus Prinzip und Tradition aus dem Gemüsebeet entfernt werden. Stören sie deine Gemüsepflanzen nicht im Wachstum oder liefern sie essbare Blätter und insektenfreundliche Blüten, dann können sie deine Gemüsekulturen sehr gut ergänzen. Du entscheidest, was für dich ein Beikraut ist und welches Kraut dir willkommen erscheint und im Beet stehen bleiben darf!

Aus aufgelockerter Erde lassen sich kleine Beikräuter auch mit Wurzel leicht entfernen.

Darum darf das Beikraut bleiben

- ➜ Es ist essbar und du verwendest es in der Küche.
- ➜ Es liefert deinen Pflanzen Nährstoffe, indem du es zu einer Pflanzenbrühe oder Jauche verarbeitest.
- ➜ Deine Gemüsepflanzen sind größer gewachsen und kleine Beikräuter hindern sie nicht an weiterem Wachstum.
- ➜ Dein Beet ist kahl, das Beikraut dient als Bodendecker und schützt somit deinen Boden.

DAS GROSSE HACKEN

Das erste Gartenjahr ist in Bezug auf Beikräuter erst einmal eine Herausforderung, vor allem, wenn du eine Fläche urbar machst. Die am Anfang des Aktionstags angegebenen drei Stunden Arbeitsaufwand beziehen sich deshalb auch auf das Hacken im neu angelegten Gemüsebeet. Darüber hinaus lohnt sich der regelmäßige Griff zur Hacke während der Gartensaison. Es schlummern noch zahlreiche Samen in der Erde, die bisher keine Konkurrenz durch Gemüsesamen haben. Der Beikrautdruck wird durch deine regelmäßige Bearbeitung immer weiter absinken; ganz ohne Beikräuter wird es aber nie gehen. Und das ist auch nicht nötig.

Lässt du deinen Boden nach der ersten Bearbeitung (siehe Tag 5) für zwei bis drei Wochen ruhen, im Gärtnerjargon heißt das „sich setzen", dann werden die ersten Beikrautsamen in dieser Zeit aussamen. Danach gehst du folgendermaßen vor:

1: Entferne die großen und tiefwurzelnden Beikräuter mit einem Beikrautstecher.

2: Bei trockenem Boden: Schneide mit der Schuffel kleinere Beikräuter oberhalb des Bodens ab und lasse sie auf der Erde abtrocknen. Bei trockenem Boden und Wetter werden die Beikräuter nicht erneut anwachsen, sondern auf dem Beet vertrocknen.

3: Bei leicht feuchtem Boden: Nutze einen Grubber oder eine Hacke, um den Boden zu lockern, und anschließend einen Rechen, um die Beikräuter zusammenzuschieben. Bei feuchtem Boden oder Wetter ist es besser, die Beikräuter vom Beet zu entfernen.

Sind die Unkräuter gehackt, kannst du jetzt dein Saatbeet mit dem Rechen vorbereiten (weiter geht es dafür auf Seite 54 ff.).

Hacke zwischen den Gemüsereihen

Im April und Mai wirst du ein deutliches Wachstum deiner Beikrautpflanzen, aber auch deiner Gemüsepflanzen beobachten können. Jetzt heißt es am Ball bzw. an der Hacke bleiben und die Beikräuter zupfen, hacken und vielleicht sogar aufessen. Bist du jetzt aktiv, dann können sich deine Gemüsepflanzen durchsetzen und gut entwickeln und du hast

GANZ SCHÖN EFFEKTIV

Beikräuter haben ein enormes Vermehrungspotenzial. Sie verbreiten sich zum einen stark über Unmengen von Samen und zum anderen über Wurzelausläufer. Zu den Flachwurzlern, wie Gundermann und Günsel, die du noch relativ gut entfernen kannst, kommen die mit den hartnäckigen Pfahlwurzeln, allen voran Löwenzahn, Ackerschachtelhalm, Quecke, Distel, Winde, Brennnesseln. Entfernst du sie nicht komplett aus dem Boden, dann wird ihr Wurzelwachstum durch das oberflächliche Hacken noch angeregt.

später in der Saison weniger Arbeit. Zwischen den Gemüsepflanzen, also innerhalb einer Reihe, ist es günstiger, mit Hand-Gartengeräten zu hacken. So bist du deinem Gartenboden direkt näher und kannst die Unterschiede der Gemüsepflanzen und Beikräuter besser erkennen. Außerdem hackst du mit einem Handgerät nicht so schnell Beikraut mitsamt dem Gemüse aus. Wächst ein Beikraut direkt neben einer Gemüsepflanze, dann kannst du den Boden an der Stelle leicht wässern, das Gemüse festhalten und die Beikrautpflanze herausziehen. Hat die Wurzel des Beikrauts viel Erde mitgenommen und deine Gemüsepflanze ist halb ausgegraben, dann schiebe wieder etwas Erde an die Wurzel deines Gemüses, sodass es einen sicheren Stand hat.

Hacke und lockere den Boden am besten auch zwischen den Gemüsereihen erst einmal mit einem Handgerät. Es ist wichtig, dass die Reihen im Beet klar markiert sind und du genau erkennen kannst, was Beikraut und was Jungpflanze ist. Hast du dein Gemüse in einer Reihe ausgesät, dann kannst du alles zupfen, was aus der Reihe tanzt. Hat sich das Gemüse gut entwickelt, kannst du natürlich eine große Hacke verwenden.

Hacken ist übrigens nicht gleich hacken. Für die reine Bodenbearbeitung, vor allem von schweren Böden ist eine Hacke mit Blatt gut geeignet. Eine Hacke mit Zinken kommt bei der Entfernung von Unkraut und bei der Bodenlockerung zum Einsatz. Es gibt auch Geräte mit Blatt und Zinken.

ZEIT-SPAR-TIPP

Eine dichte Mulchschicht von 30–60 cm Höhe schützt den Boden und unterdrückt das Wachstum von Beikräutern. Diese Mulchschicht sollte alle zwei Wochen gewendet und gelockert werden, damit sie nicht zu schimmeln beginnt.

Werden die Gemüsepflanzen und Beikräuter größer, lassen sie sich auch einfacher unterscheiden. Kulturen zwischen den Gemüsereihen werden aufgehackt.

Die Wege im Gemüsebeet gehören auch zum Gartenboden. Lockere sie regelmäßig auf, um die Wasser- und Nährstoffaufnahme im Beet zu erhöhen.

TAG 13:

KARTOFFELN LEGEN

Heute kannst du die „goldenen" Knollen, also die bereits vorgekeimten Kartoffeln, in die Erde setzen und dich schon auf eine gute Ernte freuen. Der Kartoffelanbau ist eine der schönsten Gemeinschaftsaufgaben im Garten.

2 Stunden

Gemeinschaftsaufgabe

DAS BRAUCHST DU:

- ✓ *Pflanzkartoffeln*
- ✓ *Grabegabel*
- ✓ *Spaten*
- ✓ *Grubber*
- ✓ *Reihenmarkierungen*
- ✓ *Mulch*

Kartoffeln können von Anfang April bis Anfang Mai in die Erde gelegt werden. Hast du die Möglichkeit, dann solltest du deine Kartoffelpflanzung vom Wetter abhängig machen. Ideal ist es, wenn es einige Tage nicht geregnet hat und der Boden auch in tiefere Erdschichten abtrocknen konnte und gleichzeitig für die nächsten Tage Regen angesagt ist. Für eine Knollenbildung brauchen Kartoffeln Tagestemperaturen zwischen 15 °C und 20 °C und Bodentemperaturen von mindestens 8 °C. Vorgekeimte Kartoffeln dürfen nicht in kälteren Boden, da dann der erste Wachstumsschub, der durch das Vorkeimen angeregt wurde, wieder gehemmt wird.

KARTOFFELN IM GARTENBEET

Kartoffeln wachsen in fast jedem Gartenboden und sind recht genügsam. Hast du die Erde mit Kompost vermischt bzw. angereichert, ist das allerdings besonders gut für die Entwicklung der Pflanzen, da Kartoffeln Starkzehrer sind. Ist dein Garten auf dem Balkon, kannst du Kartoffeln auch in einem Pflanzsack oder einfach in einem großen Sack mit guter Erde kultivieren.

Ein Anbau im Bodenbeet ist meiner Erfahrung nach aber am einfachsten und ertragreichsten. Probiere am besten selbst aus, was für dich passt. Der Standort für das Gemüse sollte sonnig sein. Für eine realistische Selbstversorgung mit Kartoffeln kannst du mit 15 Kartoffelpflanzen pro Person rechnen.

Und so geht's

1: Bereite deinen Gartenboden vor, indem du alle Beikräuter entfernst und ihn leicht auflockerst. Hierfür eignet sich die Grabegabel gut. Du stichst mit ihr in den Boden, bewegst sie leicht vor und zurück und setzt 30 cm weiter wieder an. Bei einem lockeren Boden finden die Wurzeln der Kartoffeln einen besseren Halt.

2: Nachdem du den Boden gelockert hast, ziehst du mit einem Grubber deine Reihen, in die du die Kartoffeln pflanzen möchtest. Nun kannst du aus deiner Kartoffelreihe etwas Erde ausheben und neben die Reihe legen. Hierzu nimmst du deinen Spaten und stichst ihn etwa zur Hälfte in die Erde, sodass du eine 10–15 cm tiefe Furche erhältst. Die Erde legst du direkt neben der Reihe ab und zerkleinerst sie grob mit dem Spaten. Deine Reihe sollte etwa 20 cm breit sein.

3: Nun legst du im Abstand von 30–35 cm deine Pflanzkartoffeln in die Erde. Jedes ausgekeimte Auge kann eine Kartoffelpflanze werden. Hast du also zu wenige Saatkartoffeln, kannst du diese auch zerschneiden, die Schnittstelle abtrocknen lassen und die einzelnen Stücke in die Erde setzen.

4: Anschließend bedeckst du deine Kartoffeln mit der ausgehobenen Erde und markierst die Reihe z.B. mit einem selbst gemachten Pflanzschild (siehe Seite 69).

SÜSSKARTOFFELN ANBAUEN

Dem Namen nach könnte die Süßkartoffel mit der Kartoffel verwandt sein, das ist aber nicht der Fall. Im Anbau und in der Verwendung sind die beiden Gewächse aber ähnlich und du kannst ruhig auch zwei bis drei Süßkartoffelpflanzen auf ein sonniges, gut durchlässiges Beet setzen. Süßkartoffeln stammen aus Südamerika und haben es gerne richtig warm. Am besten kaufst du dir am Anfang erst mal 2–3 Pflanzen für den Kartoffelanbau. Sie werden Ende Mai ins Beet gesetzt. Immer gut wässern, dann kannst du sie im späten September oder Anfang Oktober ernten.

5: Im Laufe der nächsten Wochen werden deine Kartoffelpflanzen wachsen, und immer wenn etwa 15 cm Kartoffelgrün aus der Erde schauen, kannst du deine Reihe mit neuer Erde bedecken. So entsteht im Laufe des Frühsommers ein Kartoffeldamm. Die zusätzliche Erde solltest du nicht aus deinem Kartoffelbeet entnehmen, sondern von extern hinzufügen, da du sonst die kleinen Wurzeln der Pflanzen verletzen könntest.

Kartoffeldämme, ja oder nein?

Die weitverbreitete Meinung über den Anbau von Kartoffeln auf Dämmen ist, dass diese Methode gewählt wird, damit sich mehr Knollen ausbilden. Allerdings sind die Kartoffeldämme weitaus nützlicher und haben noch mehr Vorteile. Durch die größere Oberfläche erwärmt sich die Erde besser, was die wärmeliebenden Kulturen sehr freut. Außerdem kann bei starken Regengüssen überschüssiges Regenwasser in den Tälern der Dämme gut absickern und die Kartoffelknollen bekommen keine nassen Füße. Da sie schnell zu Fäule neigen, ist das eine gute vorbeugende Maßnahme. Kartoffeldämme bzw. das regelmäßige Aufschütten von zusätzlicher Erde schützen die Knollen vor der Sonne. Sind nämlich die Knollen den Sonnenstrahlen ausgesetzt, bildet sich Solanin als Inhaltsstoff, und das ist giftig.

Hast du einen stark verdichteten Boden, dann grabe deine Kartoffeln nicht so tief ein und häufele die Erde eher in die Höhe an. Nutze deinen Gartenboden so, wie es für dich am einfachsten ist.

Du kannst deine Kartoffeln auch ohne mehrfaches Anhäufeln anbauen und sie direkt bei der Pflanzung tiefer in die Erde bringen. Setze sie dafür 20–30 cm tief in die Erde ein oder bedecke sie mit einem Erdwall, der entsprechend hoch ist. Durch die tiefere Pflanzung dauert es länger, bis die Kartoffelblätter über der Erdoberfläche sichtbar werden. Die Vorteile des Kartoffeldamms bleiben aber bestehen. Dennoch kann es sein, dass sich die Pflanzen durch ihr Wurzelwachstum selbst aus dem Beet herausheben. Beobachte dein Kartoffelbeet im Laufe des Frühsommers. Siehst du Knollen, die aus der Erde herausschauen, dann bedecke sie nachträglich noch mit Erde.

Je tiefer die Kartoffel gelegt werden, desto länger dauert es, bis das erste Grün sprießt.

HOCHBEET ODER TOPF?

Kartoffeln können auch im Hochbeet angebaut werden. Lege deine Kartoffeln in die nährstoffreiche Erde und achte darauf, dass bis zum oberen Rand des Beetes noch ausreichend Luft ist, um neue Erde anzuhäufeln. Das Anhäufeln geht hier ganz einfach, denn du musst einfach nur nach jedem Wachstumsschub neue Erde oder Stroh aufschütten. Allerdings haben Kartoffeln im Hochbeet einen höheren Wasserbedarf und müssen öfters gegossen werden. Gärtnerst du in bodennahen Beeten in Kombination mit Hochbeeten, dann nutze die Hochbeete lieber für empfindlichere Kulturen und nutze die robusten und bodenfördernden Eigenschaften der Kartoffeln im Bodenbeet.

Kartoffeln können auch in einer Pflanztasche oder einem großen Topf auf dem Balkon angebaut werden. Hier kannst du gut das Wachstum, auch gemeinsam mit Kindern, beobachten und lernen. Für eine große Kartoffelernte reichen die Pflanztaschen jedoch nicht aus. Ob Pflanztaschen oder Töpfe, je höher das Behältnis, umso besser. Als unterste Schicht kommt immer eine Drainage, z.B. eine dünne Schicht Kies, damit keine Staunässe entstehen kann. Darüber kommt eine etwa 15 cm hohe Erdschicht, darauf die Pflanzkartoffeln, die wiederrum mit Erde bedeckt werden. Achte darauf, dass immer eine gleichmäßige Feuchtigkeit vorhanden ist. Sobald die Kartoffeln keimen und die Keime etwa 10 cm lang sind, kannst du Erde aufschütten. Wiederhole das Ganze, bis Topf oder Pflanztasche gefüllt sind. Wenn du die Pflanzkartoffeln zuvor wässerst, haben sie einen guten Start.

ZEIT-SPAR-TIPP

Kartoffeln vertragen sich als Beetnachbarn mit einigen anderen Gemüsekulturen. Durch die Pflanzung von Kartoffeln und Busch- oder Ackerbohnen als Mischkultur findet ein Austausch an Nährstoffen im Boden statt. Bohnen geben Stickstoff an den Boden ab und die Kartoffeln entziehen diesen wieder. Das Düngen kannst du dir erst einmal sparen, außerdem kannst du so einer Bodenmüdigkeit durch Nährstoffentzug vorbeugen. Dill, Kapuzinerkresse und Ringelblumen als Begleitkultur der Kartoffeln vertreiben Schädlinge und locken Bestäuber an.

In kleinem Stil kannst du Kartoffeln in einer Pflanztasche auch auf dem Balkon sprießen lassen.

Ackerbohnen und Kartoffeln bilden die ideale Mischkultur. Säe Ackerbohnen schon im Spätherbst, dann haben sie einen Wachstumsvorsprung.

MAI

Aktionstage im Mai

Mit den warmen Tagen im Mai ändert sich auch der Fokus im Garten. Durch regelmäßiges Hacken und eine gute Mulchschicht vermeidest du das Austrocknen des Bodens. Beobachte Schädlinge und Nützlinge, die in dein Gemüsebeet einziehen, und begünstige das Gleichgewicht hin zu den Nützlingen. Deine Geduld wird mit der ersten Ernte von gesunden Radieschen, Salaten und Zuckerschoten belohnt.

14. Aktionstag: Wenn der Mai gekommen ist, kannst du viele Gemüse direkt ins Beet säen oder schon wieder nachsäen.
15. Aktionstag: Jetzt werden auch Schädlinge mehr und mehr aktiv und setzen deinem Gemüse zu. Du musst es schützen.
16. Aktionstag: Wärmeliebende Gemüse dürfen ins Freie. Pflanzen ist angesagt.
17. Aktionstag: Mulchen, mulchen, mulchen. Das ist eine wichtige Gartenarbeit.

TAG 14:

DIREKTSAAT INS BEET

Möchtest du regelmäßig frisches Grün aus deinem Garten ernten, dann heißt es: Nach der Ernte ist vor der Ernte. Nachsäen ist jetzt angesagt. Außerdem ist im Mai eine gute Pflanzzeit für Kohl.

1–2 Stunden

eine Person

DAS BRAUCHST DU:

- ✓ *Saatgut*
- ✓ *Kohljungpflanzen für die Winterernte*
- ✓ *Hacke*
- ✓ *Rechen*
- ✓ *Beikrautstecher*
- ✓ *Gießkanne mit Brause*
- ✓ *ca. 500 g Sand*
- ✓ *Gläser*

Als Faustregel kannst du dir merken, dass du immer, wenn du etwas Gemüse aus deinem Garten entnimmst, du auch etwas nachsäen kannst. Dabei gibt es immer Jahreszeiten, in denen es sich lohnt, ein paar Körner mehr von unterschiedlichem Gemüse in die Erde zu betten, und andere Jahreszeiten, in denen nur ganz besondere Arten oder auch Sorten gut anwachsen können.

Ende April/Anfang Mai ist eine sehr gute Zeit zum Aussäen, denn jetzt fühlen sich viele Gemüsesamen wohl in ihrem frisch bereiteten Bett, das von der Sonne schön angewärmt wurde. Nachtfröste gibt es meistens nicht mehr, die Temperaturen sind also genau richtig: nicht zu heiß und nicht zu kalt. In milden Klimaregionen ist die ideale Aussaatzeit die zweite Maiwoche. Wenn du in einer kühleren Klimaregion wohnst, kann es auch 1–2 Wochen später so weit sein. Diese Zeit kannst du nutzen, um auf einmal sehr viele Samen in die Erde zu bringen, so hast du eine gute Grundlage für die Sommer- und Herbsternte und kannst zusätzlich noch freie Beetlücken im Laufe der Saison füllen.

Ab Mitte/Ende Mai kannst du dann auch viele wärmeliebende Kulturen wie Kürbisse einpflanzen (mehr ab Seite 106).

GUT VORBEREITET

Bevor du mit der Aussaat loslegst, solltest du deine Saatbeete checken. Findest du noch neu aufgekeimte Beikräuter, große Steine oder verfestigte Erdklumpen in deinem Beet? Bereite deine Erde wie auf Seite 54 ff. beschrieben vor.

Wenn du in deinem Beet bereits andere Gemüsesorten kultivierst, dann achte darauf, diese nicht zu zerhacken. Bemerkst du bei den ausgesäten Reihen oder Flächen Lücken, dann kannst du sie nun auch füllen. Dass nicht alle Samen im Beet keimen, liegt an verschiedenen Faktoren:

➜ Die Samen sind zu tief in die Erde gekommen. Häufig kannst du das gar nicht verhindern, denn ein kleines Steinchen in der Erde, ein klumpiges Stück Boden können dafür sorgen, dass das Samenkorn in tiefere Erdschichten rutscht. Um dem vorzubeugen, hilft zum einen eine gute Bodenvorbereitung inklusive dem Rechen der Beete. Und zum anderen ist es wichtig, dass der Boden sich setzen kann, denn dadurch werden Hohlräume vermieden.

➜ Das Saatgut war zu alt. Du solltest vor dem Aussäen bei altem Saatgut immer eine Keimprobe machen. Nimm dazu je nach Samengröße und auch der Menge, die du zur Verfügung hast, etwa 10–20 Körner und lege sie auf ein feuchtes Küchenpapier. In Abhängigkeit von der Gemüseart werden nach einiger Zeit die Körner keimen.

➜ Etwa die Hälfte sollte aufgehen, dann ist die Keimrate (siehe auch Seite 13) akzep-

Mit einer gefalteten Ecke in der Saatguttüte lassen sich die Gemüsesamen kontrolliert aussäen.

AUSSÄEN IM MAI:

- ✓ *Möhren*
- ✓ *Blumen*
- ✓ *Mangold*
- ✓ *Radieschen*
- ✓ *Erbsen, Zuckerschoten (letzte Aussaat)*
- ✓ *Bohnen (erste Aussaat)*
- ✓ *Rote Bete*
- ✓ *Pflücksalate, verschiedene*
- ✓ *Gurke*

AUSPFLANZEN IM MAI:

- ✓ *Kohl*
- ✓ *Salate*
- ✓ *Lauch*
- ✓ *Fenchel*

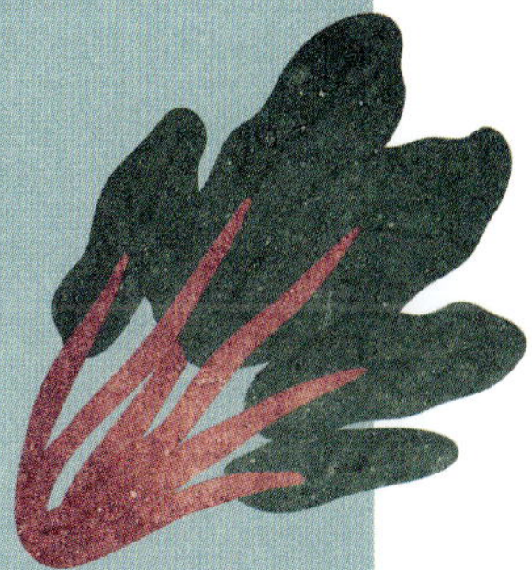

tabel und du kannst das Saatgut zur Aussaat nutzen. Gehen weniger Samen auf, solltest du dir neues Saatgut besorgen.

→ Manche Samen können auch zu frisch sein und deshalb nicht keimen. Das kann bei Möhren und Feldsalat der Fall sein. Damit die keimhemmenden Stoffe abgebaut werden, legt man sie für 48 Stunden in ein feuchtes Tuch eingewickelt bei 3–5 °C in den Kühlschrank.

Aussäen mit Starthilfe

Einige Gemüsesamen kannst du bei ihrem Start ins Gemüseleben mit ein paar einfachen Tricks unterstützen und dir gleichzeitig Zeit und Arbeit in der Nachpflege ersparen.

Das sehr feine Saatgut von Möhren kannst du z. B. gut mit Sand gemischt aussäen. Hierfür werden die Samen einen Abend vor der Aussaat mit feinem, feuchtem Sand sorgfältig vermengt und dieses Sand-Möhren-Gemisch dann in eine Saatreihe ausgesät. So verteilen sich die Samen besser und du musst nicht so stark vereinzeln. Außerdem tun sich die etwas mimosenhaften Möhren beim Keimen leichter, wenn sie in feuchten Sand gebettet sind. Bedecke deine frisch ausgesäten Reihen mit einem Vlies oder, wenn es wärmer wird, mit einem Kulturschutznetz. Hungrige Vögel können

TURBO-START

Damit Bohnen, Erbsen und andere hartschalige Samen schneller keimen, kannst du sie für 4-8 Stunden in lauwarmem Wasser oder kaltem Kamillentee einweichen. Eine längere Einweichzeit hilft nicht, im Gegenteil, es kann dann sogar zu Fäulnis kommen. Kamillentee eignet sich besonders gut zum Einweichen, weil er antibakteriell und pilzhemmend wirkt. Dadurch werden anhaftende Bakterien und Pilze an den Samen reduziert.

Durch ein Vlies oder Netz auf dem Beet entsteht ein Mikroklima, das Feuchtigkeit und Wärme hält und die Keimung der Samen anregt.

Bohnen, die nach der Einweichzeit im Wasser oben schwimmen, werden entfernt. Eine Aussaat von kranken oder beschädigten Samen lohnt sich nicht.

dir keine Löcher in deine Saatreihen picken und die Feuchtigkeit des Bodens wird besser gehalten. Besonders bei langsam keimenden Sorten ist es schwer, eine stetige Feuchtigkeit aufrechtzuerhalten, und eine regendurchlässige Abdeckung des Beetes ist eine einfache Unterstützung.

IN HORSTEN AUSSÄEN

Die Horstsaat oder auch Dippelsaat beschreibt eine Aussaatmethode, bei der mehrere Saatkörner in ein Saatloch gelegt werden. Besonders beliebt ist diese Saatmethode im Hobbyanbau bei Bohnen, Erbsen und Mais. Vorteil der Horstsaat ist, dass sich die Wurzeln der Keimlinge sowie die grünen Austriebe mit gesammelter Kraft ihren Weg durch das Erdreich suchen können. Bei festen Böden oder Böden, die zu Verkrustung neigen, hat diese Anbaumethode einen größeren Erfolg als eine Aussaat in der Reihe. Säst du Stangenbohnen in einem Horst aus, dann kannst du direkt mehrere Bohnenstränge um eine Rankhilfe winden. Säe im Mai deine Buschbohnen 3–5 cm tief in Dreiergrüppchen in dein Beet und markiere dir die Stellen mit einem kleinen Ast.

KOHL PFLANZEN

Im Mai kannst du Kohlgemüse wie Weißkohl, Rotkohl, Brokkoli und auch Kohlrabi auspflanzen. So können sie bis zur Ernte im Spätsommer oder Herbst noch ausreichend wachsen. Hast du eine große Fläche ausgewählt, dann reichere diese mit Kompost oder Düngepellets an. Du kannst auch bei der Pflanzung direkt Dünger mit ins Pflanzloch geben. Vermenge diesen aber mit etwas Erde, damit der Dünger nicht unverdünnt an den Pflanzwurzeln anliegt und diese verbrennt. Beachte bei der Pflanzung die ausreichend großen Pflanzabstände pro Kohlpflanze. Grabe alle 40–50 cm

Bei der Horstsaat oder auch Dippelsaat sollen mehrere Pflanzen einer Kultur an einer Stelle wachsen.

ein kleines Loch und fülle es mit Wasser. Versickert das Wasser sehr schnell, dann kannst du noch ein zweites Mal Wasser nachfüllen.

Setze deinen Kohl etwas tiefer ins Beet, als er zuvor im Pflanztopf stand, und drücke die Erde rundherum leicht mit den Händen an. So bekommt er einen sicheren Stand in der Erde. Im Laufe der Saison kannst du deine Kohlpflanzen am Stiel anhäufeln. Ausnahme ist Kohlrabi, bei dem der Stiel sich zur Knolle ausbildet. Er darf nicht tiefer eingesetzt werden.

> **ZEIT-SPAR-TIPP**
>
> Kombiniere deinen Aussaattag mit deinem Pflanztag der wärmeliebenden Jungpflanzen. Nach der Pflanzung deiner Tomatenpflanzen kannst du beispielsweise in die Erde rundherum Blumensaatgut einsäen.

TAG 15:

BEETE VOR SCHÄDLINGEN SCHÜTZEN

Deine Gemüsepflanzen sind nicht nur bei dir, sondern auch bei vielen anderen Lebewesen beliebt. Heute liegt der Fokus auf dem Schutz deiner Gemüsepflanzen vor Fraßfeinden.

4 Stunden

mehrere Personen; eine gute Aufgabe mit Kindern

DAS BRAUCHST DU:

- ✓ *Kulturschutznetze*
- ✓ *Äste, Hacke*
- ✓ *Blumensaatgut für Insekten*

Für Flatterbänder:

- ✓ *Stoffreste, Schere, Schnur*

Versteck für Ohrwürmer:

- ✓ *Tontöpfe mit einem oberen Durchmesser von 20 cm mit Loch*
- ✓ *Etwas Stroh, Schnur, kleiner Ast*

Wassertränke für Vögel:

- ✓ *Tonschalen ohne Loch mit einem Durchmesser von 30 cm*
- ✓ *Kleine Steine und Äste*

Damit du das Gemüse aus deinem Garten genießen kannst, bevor es aufgefressen wurde, gibt es verschiedene Methoden, um deine Pflanzen zu schützen. Du kannst schädliche Tiere vertreiben, ihnen den Zugang zum Gemüse erschweren oder Nützlinge anlocken, die wiederum die Schädlinge vertreiben.

DIE RICHTIGE SICHTWEISE

Die Einteilung in Nützlinge und Schädlinge ist eigentlich gar nicht sinnvoll. Jedes Lebewesen hat seine Berechtigung und ist in irgendeiner Weise auch wichtig im Naturkreislauf. Wichtig ist im naturnahen Gartenbau, dass ein gewisses Gleichgewicht besteht zwischen denen, die dein Gemüse gerne fressen und schädigen, und denen, die diese „Schädlinge" in Schach halten. Es gibt viele Maßnahmen, um Tieren wie Marienkäfern, Florfliegen, Kröten,

Bienen und noch viel mehr Unterschlupf und Nahrung zu bieten, damit sie sich in deinem Garten wohlfühlen.

ERST MAL VORBEUGEN

Der beste Schutz für deine Gemüsepflanzen sind vorbeugende Maßnahmen. Ein funktionierendes und vielfältiges Ökosystem ist das beste Mittel gegen Schädlinge und auch gegen Krankheiten. Hast du erst einmal Schädlinge im Beet, dann ist es meist schwerer und auch unangenehmer, sie zu vertreiben.

Das Wichtigste zuerst: Der Standort bestimmt, welche Pflanzen in deinem Garten wachsen. Ob schattig oder sonnig, hängig oder eben, sandig oder tonig – wähle das passende Gemüse aus. Wenn sich eine Art in deinem Garten nämlich nicht wohlfühlt, dann wird sie viel eher krank und Schädlinge und Krankheiten haben leichtes Spiel. Außerdem ist die Sortenwahl entscheidend. Neben alten robusten Sorten gibt es auch viele neue, tolerante oder sogar resistente Sorten, die Schädlinge erst gar nicht an sich ranlassen.

Mit der Klimaerwärmung kommen übrigens auch neue Schädlinge und Krankheiten zu uns. In einem intakten naturnahen Garten wird zwar nicht unbedingt zwischen Nützlingen und Schädlingen unterschieden, wenn es um neu auftauchende Arten geht, können manche Tiere aber doch erhebliche Schäden verursachen, ohne dabei von ihren Gegenspielern in Schach gehalten zu werden. Zu den Neuankömmlingen zählen beispielsweise die Marmorierte Baumwanze, die Grüne Reiswanze, die Lauchminierfliege und verschiedene neue Arten von Thripsen, Spinnmilben, Schnellkäfern und Blattläusen.

Heute kannst du einen Rundgang durch deinen Garten machen und bewusst auf Fraßspuren von Schädlingen achten, Lücken entdecken, die mit Blühpflanzen gefüllt werden, und Unterschlupfmöglichkeiten für Nützlinge bauen, damit sie sich in deinem Garten und Gemüsebeet so wohlfühlen, dass sie dauerhafte Gäste werden.

DER KOHLWEISSLING (*PIERIS BRASSICAE, PIERIS RAPAE*)

Vom Kohlweißling gibt es zwei Arten, den Großen und den Kleinen. Häufig treten sie zusammen auf, wobei die Larven des Großen Kohlweißlings ganz schönen Schaden anrichten können. Bei einem starken Befall bleibt da manchmal nur noch Kohlgerippe, z.B. vom Rosenkohl, übrig. Dabei sind die erwachsenen Falter eigentlich sehr hübsch anzusehen: weiße Vorderflügel mit schwarzen Spitzen sowie zwei schwarzen Punkten auf den Vorderflügeln beim Weibchen beim Großen und eine kleinere Zeichnung beim Kleinen Kohlweißling.

WAS DU TUN KANNST

Es gibt verschiedene Maßnahmen, um Schädlingen vorzubeugen und Nützlinge zu fördern. Du solltest sie stets im Blick behalten.

Gesunde und robuste Gemüsepflanzen sind das A und O, um Schädlinge abzuhalten. Verletzungen, wie umgeknickte Blätter oder Risse am Stängel, die vielleicht beim Hacken verursacht wurden, sind gute Eintrittspforten für pilzliche und andere Krankheitserreger. Wenn dein Gemüse dann noch gut mit Nährstoffen versorgt ist, wird es seltener von Schädlingen befallen als schwache oder sogar schon kranke Pflanzen. Achte auf eine regelmäßige und ausreichende Versorgung deiner Pflanzen mit Nährstoffen.

Säe und pflanze zum richtigen Zeitpunkt, sodass ein ungehindertes Wachstum stattfinden kann. Bei einem Wachstumsstopp, der z. B. durch späten Frost verursacht werden kann, können Krankheitserreger und Schädlinge einfacher in die Pflanze eindringen.

Wichtig ist auch das regelmäßige Aufhacken und Lockern des Bodens. Das ist nicht nur eine gute Maßnahme gegen Verdunstung, sondern macht auch Schnecken und Erdflöhen das Leben schwer. Die mögen es nämlich nicht, über die groben Erdklumpen zu kriechen. Außerdem werden die Eigelege, die in Erdlöchern liegen, zerhackt.

Schädlinge vom Gemüse ablenken

„War hier gestern nicht noch frisches Gemüse?", fragt der Hase den Igel. „Nein, nein, hier sind nur diese flatternden Bänder. Schau doch mal dort drüben nach", sagt der Igel. Und als der Hase in die angezeigte Richtung verschwindet, wendet der Igel sich schmunzelnd den Schnecken zu, die sich im Beet verstecken. Eine schöne Vorstellung, dass die Nützlinge im Garten unsere Schädlinge vertreiben, doch so einfach funktioniert es leider nicht. Dennoch kannst du durch Ablenkungsmanöver Tiere von deinen Gemüsepflanzen fernhalten.

Ein feinmaschiges Kulturschutznetz schützt vor Fraßfeinden und bildet ein positives Mikroklima.

Flatterbänder, die dicht über dem Beet aufgehängt werden, können z. B. Kaninchen und Vögel abschrecken. Hast du Probleme mit diesen Tieren, dann kannst du heute ein Flatterband basteln. Verwende hierfür alte, in Streifen geschnittene Stoffreste und knote sie an eine Schnur, die über das Beet gespannt wird. Glänzende Materialien sind zwar effektiver, jedoch oft aus Plastik oder nicht abbaubaren Materialien und der Nutzen steht dem Risiko der Verunreinigung des Bodens in keinem Verhältnis gegenüber. Ich rate dir davon ab, Alufolien oder zerschnittene Rettungsdecken zu verwenden.

Hast du freche Gartenmitbewohner, die gerne mal am Gemüse knabbern, wie z.B. Vögel, dann decke die jungen Kulturen mit einem Kulturschutznetz ab. Mit einer engen Maschenbreite können neben Vögeln auch keine Schadinsekten unter das Netz dringen. Lege das Netz so aus, dass es an den Rändern gut abgedeckt ist und sich keine größeren Lücken bilden. Über dem Gemüse sollte dennoch ausreichend Luft sein, damit es nach oben wachsen kann. Mit gebogenen Metallringen oder Holzpflöcken kannst du ein kleines Zelt bauen, unter dem deine Gemüsekulturen hervorragend gedeihen werden.

Opferst du dich?

Es gibt bestimmte Pflanzen, mit denen du die Lästlinge von deinem Gemüse fernhältst. Ich nenne sie „Opferpflanzen". Baust du diese Pflanzen neben deinem Gemüse an, werden sich die Schädlinge erst einmal daran laben. Ringelblumen können Schnecken abhalten, Kapuzinerkresse, Mangold und Lavendel sind bei Blattläusen besonders beliebt. Das hilft aber nur begrenzt. Irgendwann werden die Schädlinge sich anderen Pflanzen zuwenden.

Der Anbau in Mischkulturbeeten kann Schädlinge von deinem Lieblingsgemüse vertreiben.

NÜTZLINGE ANLOCKEN

Generell gilt im Gartenjahr: Der Schädling kommt immer zuerst und der passende Nützling folgt, da der Nützling sich vom Schädling ernährt. Bei geringem Befall oder den ersten Anzeichen eines Befalls kannst du tief durchatmen und erst mal auf den natürlichen Kreislauf warten. Auch ohne Befall lohnt es sich aber jetzt schon, den Garten und das Beet vielfältiger zu gestalten und dadurch Nützlinge anzulocken.

Gute Helfer

Ja, Vögel picken nach frisch ausgesäten Samen und knabbern junge Pflanzen an, aber sie verspeisen auch Raupen und Schneckeneier – besonders wenn ihre Jungen geschlüpft sind, haben sie den Proteinsnack zum Fressen gern. Stell heute ein paar Vogeltränken in erhöhter Umgebung auf. Im Laufe der Saison kannst du Nist- und Schlafkästen für deine Vögel im Garten aufhängen und deinen Garten so für die Tiere attraktiv machen.

Blattläuse findest du besonders im Mai häufig an Dicken Bohnen, Salaten und Mangold. Marienkäfer sind die natürlichen Fressfeinde von Blattläusen.

Kommen Vögel regelmäßig in deinen Garten, kannst du versuchen, eine erhöhte Stelle, z. B. einen Baumstumpf, als Fressplatz zu etablieren. Wenn du dann regelmäßig Schnecken, Raupen und Käfer absammelst und sie immer wieder auf diesen Baumstumpf legst, können die Vögel sich bedienen. Und eine kleine oder größere Wildblumenwiese oder eine blühende Beetumrandung kann zum Magneten für nützliche Insekten werden.

Die nachtaktiven Ohrwürmer verstecken sich tagsüber gerne in einem mit Stroh gefüllten Tontopf.

Unterschlupf für Nützlinge

1: Ein Tontopf, gefüllt mit Stroh und umgedreht aufgehängt, bietet einen Unterschlupf für Ohrwürmer. Die fressen gerne Blattläuse, Milben und ernähren sich sogar von Mehltau und helfen so, das Gleichgewicht im Garten aufrechtzuhalten. Hänge die Tontöpfe auf Zaunelemente in der Nähe des Gemüsebeetes oder stecke sie auf die Spitze eines Rankgitters, so können die Ohrenkneifer ohne Umwege den Weg in ihre Behausung finden.

2: Versteckmöglichkeiten wie Steinhaufen, Laubhaufen, Reisighaufen und alte Baumstämme können weitere Nützlinge, z.B. Igel, anlocken. Sie werden nicht von heute auf morgen in die neue Unterkunft einziehen, deshalb lohnt es sich, schon früh den Garten tierfreundlich zu gestalten.

In einem bewachsenen Steinhaufen findest du Spinnen, Schmetterlinge und auch Eidechsen.

DIE GRÖSSTEN PLAGEN: SCHNECKEN UND BLATTLÄUSE

Schnecken und Blattläuse sind die häufigsten Gartenmitbewohner, die mit dir in einen Wettstreit gehen, wer schneller das Gemüse auffuttern kann. In feuchten Sommern wirst du vermehrt Schnecken finden, in trockenen Sommern sind Blattläuse auf dem Vormarsch.

Laufe heute durch den Garten und halte Ausschau nach Schleimspuren. Sie sind das si-

Ein Teich im Garten wird von Nützlingen zum Trinken, Baden, Reinigen und Abkühlen genutzt.

chere Zeichen, dass die Fraßstellen an deinen Pflanzen von Schnecken sind. Bist du abends unterwegs im Garten, dann wirst du die dämmerungs- und nachtaktiven Schnecken eher antreffen. Tagsüber kannst du sie unter ausgelegten Brettern oder Holzscheiten finden. Auch in besonders dichten Grünpflanzen können sie sich verstecken.

Sind Schnecken einmal in deinem Gemüsebeet, dann ist es fast unmöglich, sie komplett zu entfernen, da sie ihre Eier schon überall im Mulch oder der Erde ausgelegt haben. Du kannst ihnen das Beet jedoch ungemütlicher machen und sie regelmäßig absammeln.

1: Bretter auf den Wegen auslegen, regelmäßig die Schnecken absammeln und an Vögel verfüttern.
2: Mulchschicht entfernen.
3: Boden regelmäßig aufhacken.
4: Morgens gießen.
5: Nützlinge wie Vögel und Igel anlocken.

Möchtest du einzelne Pflanzen besonders schützen, dann kannst du die Blätter mit etwas Gesteinsmehl bestreuen.

Ruhe bewahren, dann handeln

Blattläuse sind die Nahrung vieler tierischer Gartenbewohner wie Florfliegen, Marienkäfer und einiger Vogelarten. Zunächst heißt es bei einem Befall Ruhe bewahren und das Ökosystem walten lassen. Fehlen dir Fressfeinde im Garten, dann kannst du sie aber mit Nahrungsangebot und Unterschlupf anlocken. Sollte dir der Befall über den Kopf wachsen, dann kannst du mit natürlichen Mitteln einiges bewirken. Vermeide den Einsatz von synthetischen Produkten in deinem Garten. Es werden sich dadurch viel weniger Nützlinge ansiedeln und du musst dann immer wieder hinterher sein. Das kannst du aber mit ruhigem Gewissen tun:

Schnecken verstecken sich tagsüber an einem sonnengeschützten und feuchten Ort im Garten.

- → Mit einem starken Wasserstrahl die Blattläuse von der Pflanze abspülen.
- → Brennnesselbrühe (keine Jauche) auf die Blattläuse spritzen.
- → Eine Brühe aus Oregano herstellen und die befallenen Pflanzen damit besprühen.
- → Einen Knoblauchsud unverdünnt spritzen.
- → Neemöl stark verdünnt bzw. nach Packungsangaben auf die Pflanze spritzen.

ZEIT-SPAR-TIPP

Ein Garten, der etwas unordentlicher gestaltet ist und in dem sich Platz für unangetastete Ecken findet, ist für Tiere attraktiver. Einiges an Nichts-Tun und Geduld stärkt ein gesundes Ökosystem und erleichtert dir die Gartenarbeiten, denn dadurch sparst du dir oft die Bekämpfung von Schädlingen.

TAG 16:

WÄRMELIEBENDE KULTUREN AUSPFLANZEN

Heute kannst du dich um die Gemüsearten kümmern, die einen Kuschelplatz in deinem Gemüsebeet suchen. Sie gedeihen am besten bei warmen Temperaturen und freuen sich sogar tagsüber über eine wärmende Mulchdecke.

2 Stunden, pro Gemüsepflanze etwa 5 Minuten

alleine oder zu zweit

DAS BRAUCHST DU:

- ✓ *Hacke*
- ✓ *Beikrautstecher*
- ✓ *Jungpflanzen*
- ✓ *Rankstäbe*
- ✓ *Schnur*
- ✓ *Spaten oder Schaufel*
- ✓ *Brennnesseln*

Jungpflanzen von:

- ✓ *Kürbis, Zucchini*
- ✓ *Tomaten*
- ✓ *Paprika*
- ✓ *Mais*
- ✓ *Bohnen*
- ✓ *Gurke*
- ✓ *Aubergine*

Es gibt einen Tag, den du dir als Gemüsegärtner dick im Kalender eintragen kannst. Das ist der 15. Mai – die kalte Sophie. Nach alten Bauernregeln ist dies der Stichtag, ab dem keine Fröste mehr erwartet werden und alle wärmeliebenden Kulturen in die Erde umziehen können. Da das Wetter regional und von Jahr zu Jahr sehr unterschiedlich ist, lohnt es sich dennoch, einen Blick aus dem Fenster und in die Wettervorhersage für die nächsten Tage zu werfen.

WETTER ZUM AUSPFLANZEN

Etwas Feuchtigkeit sollte im Boden sein, wenn es ans Auspflanzen geht, und das gilt natürlich genauso für die Aussaat. Wenn dann noch für die Folgetage Regen angesagt ist, sind die Bedingungen für dein Vorhaben ideal. Bei Aussaaten sparst du dir das Angießen und gepflanzte Kulturen bekommen so einen besseren Anschluss an das Erdreich, als bei trockenen Verhältnissen. Zu sonnig sollte es ebenfalls nicht sein. Gerade beim Auspflanzen ist es gut, einen bedeckten Tag zu wählen. Für die jungen Pflänzchen ist es schon recht stressig, aus dem behüteten Umfeld ins Beet gesetzt zu werden. Jetzt müssen sich die Wurzeln erst einmal im Boden verankern. Ist es sehr sonnig, lassen sie sofort die Blätter hängen. Pflanze deine Kulturen frühmorgens oder am frühen Abend aus. So vermeidest du die Belastung durch die Mittagshitze.

Überprüfe im Wetterbericht, dass es in den kommenden zwei Wochen nicht zu Nachtfrösten kommt. Besonders die wärmeliebenden Kulturen sind gegenüber Kälte sehr empfindlich und erfrieren.

Auspflanz-Check

Kannst du bei dieser Checkliste alles abhaken? Dann dürfen deine wärmeliebenden Kulturen ins Beet einziehen.

- ➜ Temperaturen nachts für die nächsten 14 Tage beständig über 8° C.
- ➜ Jungpflanzen wurden abgehärtet.
- ➜ Beet ist aufgelockert und wurde gut vorbereitet.
- ➜ Himmel bedeckt, nicht zu sonnig.

Was du sonst noch tun kannst

Bevor es überhaupt losgeht, solltest du deine Gemüsepflanzen noch einmal gut mit Wasser versorgen. Damit sich deine frisch gesetzten Pflanzen dann im Boden gut etablieren und ausreichend Feuchtigkeit bekommen, kannst du neben großen Pflanzen wie Kürbissen und Zucchini Wasserspeicher aus Ton platzieren. Vielleicht hast du schon mal etwas von Ollas gehört. Die Tongefäße mit großem Fassungsvolumen füllst du bei deinem Gartenbesuch auf. Ist der Boden rund um die Ollas trocken, geben sie nach und nach Wasser an die Umgebung ab, ist die Erde feucht, bleibt das Wasser im Tongefäß. Die Pflanze bekommt so viel Wasser, wie sie benötigt.

ARTISCHOCKE

Der Mai ist auch der ideale Monat, um eine essbare und mehrjährige Staude auszupflanzen: Die Artischocke! Pflanze deine vorgezogene Artischockenpflanze in dein nährstoffreichstes und sonnigstes Beet. Eine besonders beliebte Sorte ist die 'Green Globe'. Pflanze deine Artischocken möglichst nebeneinander, die eigene Nachbarschaft ist ihnen am liebsten. Eine durchgängig dicke Mulchschicht schützt deine Pflanzen im Sommer vor Schädlingen und im Winter vor dem Erfrieren. Ernten kannst du die geschlossenen Knospen meist erst im zweiten Jahr.

AUSPFLANZEN - SCHRITT FÜR SCHRITT:

1: Befreie deinen Boden von größeren Beikräutern und lockere ihn mit einer Hacke auf.

2: Grabe mit dem Spaten oder Schaufel ein Pflanzloch, das etwas größer als der Wurzelballen deiner Pflanze ist.

3: Lockere mit einer Grabegabel, Hacke oder deinen Händen den Boden rund um das Pflanzloch auf.

4: Fülle je nach Gemüseart Dünger in das Pflanzloch, wie z.B. Düngepellets, Brennnesseln, Gesteinsmehl. Vermenge deinen Dünger mit der umliegenden Erde.

5: Befülle das Pflanzloch mit Wasser. Je nach Wasseraufnahme deines Bodens kannst du mehrmals gießen, bis die Erde dann feucht genug ist.

6: Stelle bei Tomaten oder anderen rankenden Pflanzen einen Rankstab in das Pflanzloch.

7: Löse deine Jungpflanze vorsichtig aus ihrem Anzuchttopf, indem du eine Hand von oben auf die Erde legst und den Topf umkippst. Durch leichtes Andrücken des Plastiktopfs lockerst du den Pflanzballen und er fällt in deine Hand.

8: Setze deine Jungpflanze in das Pflanzloch. Ist es zu tief, dann fülle einfach noch etwas Erde hinein. Fülle den Raum rund um den Pflanzballen mit aufgelockerter Erde und drücke diese zum Schluss mit der Erdschicht leicht an.

9: Mulche rund um deine neu ausgepflanzten Gemüse deine Erde (siehe Seite 110).

Tipps für einzelne Gemüsearten

Tomaten: Setze deine Tomatenjungpflanzen etwas tiefer ins Beet, als sie im Anzuchttopf gestanden sind. Möchtest oder kannst du in deinem Boden nicht so tief graben, dann

Stelle einen stabilen Rankstab für deine Tomaten direkt bei der Pflanzung mit in die Erde.

Tomatenpflanzen können für einen stabileren Stand gerne etwas tiefer gepflanzt werden.

Gieße deine Jungpflanzen kräftig an. Gedüngt werden die Tomaten erst nach etwa zwei Wochen.

kannst du deine Jungpflanze auch schräg/halb liegend ins Beet setzen. Setze Rankhilfen immer direkt bei der Pflanzung ein, damit sie später nicht die Wurzeln der Pflanze verletzen.

Kürbis: Beim Einsetzen der Kürbispflanze kannst du auf die Ausrichtung der Laubblätter achten. Die Kürbispflanze wird in die entgegengesetzte Richtung des ersten Laubblattes wachsen. Kürbis und Zucchini kannst du auch direkt an oder auf einen Komposter pflanzen.

Gurken: Gurken sind wahre Diven im Beet. Auch beim Auspflanzen musst du auf die jungen Pflänzchen aufpassen. Hast du mehrere Samen in einem Topf ausgesät und vorgezogen, dann pflanze den gesamten Ballen mit den Jungpflanzen an einer Stelle ein. Einmal eingepflanzt kannst du nach ein paar Tagen die schwächeren Pflanzen ausbrechen.

Mais: Deine Maispflanze bildet sehr kräftige Keimwurzeln, die tief ins Erdreich eindringen können. Pflanze die vorgezogenen Maisjungpflanzen nicht zu spät ein, da sich die Wurzeln sonst im Anzuchttopf einrollen und es zu einem Wachstumsstopp nach der Auspflanzung kommen kann.

Bohnen: Das Vorziehen von Bohnen ist nicht zwingend notwendig, es sei denn, in deinem Garten tummeln sich viele Schnecken. Du kannst dein Bohnensaatgut ab Mitte Mai direkt ins Beet säen. Der Boden sollte aber frostfrei bleiben, da auch die Bohnensamen empfindlich gegenüber Kälte reagieren.

MIX IT – TYPISCHE MISCHUNGEN

Deine wärmeliebenden Pflanzen freuen sich neben einer kuscheligen Mulchdecke auch über lebendige Bodenbedecker und Beetnachbarn. Die folgenden kannst du zeitgleich mit der Hauptkultur aussäen oder auspflanzen:

Zucchini & Kürbis: Mais, Bohnen, Erbsen, Kapuzinerkresse, Tagetes, Zwiebeln

Wärmeliebende Pflanzen wie Kürbisse kannst du direkt in ein gemulchtes Beet einpflanzen.

Gurken: Dill, Mais, Bohnen, Rote Bete, Salat, Kohl, Zwiebeln

Mais: Bohnen, Zucchini, Kürbisse, Gurken, Salat, Paprika, Chili

Tomaten: Basilikum, Tagetes, Kopfsalate, Knoblauch, Zwiebeln, Kohl

Bohnen: Bohnenkraut, Kohl, Mais, Tomaten, Salat, Gurken, Zucchini und Kürbis

ZEIT-SPAR-TIPP

Pflanzt du mit mehreren Personen zusammen, dann könnt ihr euch die einzelnen Schritte gut aufteilen. Person A gräbt Löcher und Person B läuft mit einer Gießkanne hinterher und füllt diese mit Wasser auf. Das Auspflanzen ist eine schöne Arbeit, denn jetzt können die liebevoll vorgezogenen Pflänzchen an das Freiland übergeben werden.

TAG 17:
MULCHEN

Mulch ist die Bedeckung des Gartenbodens mit abgestorbenen Pflanzenmaterialien. Heute bedeckst du deinen Gartenboden mit Mulch und kuschelst deine wärmeliebenden Pflanzen ein.

2–3 Stunden, und so lange musst du warten: 1 Woche

eine Person

DAS BRAUCHST DU:

- ✓ *Gartenschere*
- ✓ *Rasenmäher*
- ✓ *Rechen*
- ✓ *Mulchmaterialien*

Mit einem Blick in die Natur wird klar, dass die oberste Erdschicht immer bedeckt ist von bodendeckenden Pflanzen oder einer Schicht aus organischen Materialen wie z.B. einer Laubschicht im Wald. Für ein funktionierendes Ökosystem scheint diese wärmende Decke notwendig zu sein. Was für die Natur gilt, ist auch für den Garten richtig. Offener, unbedeckter Boden braucht eine Mulchschicht. Die Abdeckung freier Beetflächen insgesamt oder auch zwischen Gemüsepflanzen mit organischen Materialien wird Mulch genannt. Diese Mulchschicht hat vielfältige Vorteile und erleichtert dir die Gartenarbeit.

SCHUTZ FÜR DEN BODEN

Der Zeitpunkt nach der Auspflanzung deiner wärmeliebenden Kulturen ist ideal, um eine Mulchschicht auf deinem Gartenboden zu verteilen. Zu diesem Zeitpunkt fallen im Garten durch Rasenschnitt und wachsende Beikräuter ausreichend Materialien an, die du verwenden kannst. Außerdem sind nun die meisten Pflanzen im Gemüsebeet eingepflanzt und du kannst die wärmende Decke um sie herum auslegen. Wenn du ausreichend Zeit hast, dann bietet es sich an, diesen Tag mit Tag 16 zu verbinden.

Natürliche Decken

Im Garten fällt jede Menge Mulchmaterial an, vom Rasenschnitt über Gemüseabfälle bis hin zu Laub und Holzhäcksel. Bevor du Grasschnitt dünn zwischen den Gemüsepflanzen auslegst, lässt du ihn am besten einige Tage antrocknen, damit Samen ausfallen und nicht später auf dem Beet keimen. Bringst du ihn zu dick aus, sammeln sich Schnecken darunter. Brennnesseln sind auch ein sehr gutes Mulchmaterial. Ein paar wilde Ecken mit Brennnesseln solltest du unbedingt in deinem Garten haben. Du kannst die Triebe vom Frühjahr bis in den Herbst schneiden. Regenwürmer stehen auf das Kraut und werden sich bald einfinden.

Mit strohigem und holzigem Material kannst du den Boden zwischen Kürbis- und Zucchinipflanzen mulchen. So ist der Boden geschützt und gleichzeitig werden die Früchte von unten nicht feucht. Um Stroh zu zerkleinern und umzuwandeln, benötigen Mikroorganismen zusätzlichen Stickstoff, den du durch etwas Gesteinsmehl mit einbringen kannst.

Warum mulchen?

Lassen wir den Gartenboden frei, dann betreibt die Natur „Selbstbegrünung" durch Beikräuter. Mit der Bedeckung durch Mulch schaffst du im Garten aber einen wertvollen Wertstoffkreislauf, der das Wachstum von Beikräutern unterdrückt.

Es gibt allerdings noch andere Gründe für das Mulchen: Mit zunehmenden Trockenphasen, Hitze, Starkniederschlägen und Stürmen gewinnen Mulchdecken immer mehr an Bedeutung, denn sie schützen vor Verdunstung, Austrocknung und Verkrustung des Bodens. Außerdem sorgen sie für ausgeglichene Temperaturen und sie regen die Tätigkeit von Mikroorganismen an.

Auch im Winter

Auch im Winter oder nach der Ernte sollte der Boden nicht nackt sein. Da ist z. B. eine Gründüngung (siehe Seite 132) eine gute Maßnahme. Gemüsebeete, die erst im Herbst abgeerntet werden, kannst du nicht mehr für eine Gründüngung nutzen. Mulche diese dick (30–60 cm hoch) mit verschiedenen Materialien. Im Winter sollte die Mulchschicht alle paar Wochen durchmischt und gewendet werden.

Mulchen – Schritt für Schritt

1: Sammle viele Mulchmaterialien.

2: Lasse die Materialien antrocknen. Frisch geschnittener Rasenschnitt oder feuchte Gemüsereste kannst du für eine Woche auf Wegen ausbreiten, so beginnen sie im Beet nicht zu schimmeln oder zu verkleben.

3: Lockere den Boden zwischen deinen gesäten und gepflanzten Gemüsereihen mit einer Handhacke vorsichtig auf.

4: Lege dann deine Mulchmaterialien zwischen das Gemüse.

5: Bei deiner Mulchschicht gilt generell: nicht zu wenig! Orientiere dich an der Grafik auf Seite 113, wie hoch du deine Mulchschicht auslegst.

6: Regelmäßig kannst du deine Mulchschicht mit beiden Händen leicht hochheben und locker wieder fallen lassen.

WUNDERWERK: MULCH

Der aufgebrachte Mulch stärkt die Funktion von Boden als vielfältigem Lebensraum und dient den Bodenlebewesen als Nahrung, Wärme und Versteckmöglichkeit. Die Bodenbakterien und Regenwürmer ziehen sich den Mulch in den Boden und verdauen ihn. Durch diese Umsetzungsprozesse wird zusätzlich Wärme erzeugt, die Bodenstruktur verbessert und eine Humusschicht aufgebaut. Das organische Material dabei wirkt als Langzeitdünger, da die Nährstoffe langsam zersetzt werden und pflanzenverfügbar sind. Erkennst du Mangelerscheinungen an deinen Pflanzen oder stehen Starkzehrer auf dem Beet, musst du deine Pflänzchen aber zusätzlich mit Flüssigdüngern unterstützen (Seite 84).

Die Mulchschicht auf deinem Beet wärmt den Boden nicht nur, sondern schützt ihn auch vor zu viel Hitze und hat somit eine temperaturausgleichende Funktion. Trotz oder gerade wegen dieser Pufferfunktion des Mulches ist es sinnvoll, im warmen Frühjahr den Boden kurzzeitig nicht zu bedecken, da die Mulchschicht in dieser Jahreszeit die Wärme daran hindert, in tiefere Bodenschichten zu dringen. Mulch schützt den Boden aber auch vor Austrocknung. Du kannst Wasser sparen, da weniger Wasser verdunstet.

Die warme und feuchte Mulchschicht ist ein wahres Gartenwunder und es lohnt sich, ab und an durch die wilden Schichten zu wühlen und den Zustand des Bodens zu kontrollieren. Du wirst merken, wie sich der Gartenboden von Jahr zu Jahr immer weiter verbessert und von einer dunklen, feinkrümeligen Humusschicht bedeckt wird.

Leider kann Mulch auch ein Schneckenversteck sein. Hast du Probleme mit Schnecken in deinem Garten oder merkst, dass sich mit dem Ausbringen des Mulches immer mehr Schnecken einstellen, dann musst du leider auf das Mulchen verzichten.

Braun und Grün – Tarnfarben im Mulchbeet

Beim Mulch kannst du zwischen braunen und grünen Materialien unterscheiden. Braune Materialien wie Holz enthalten viel Kohlenstoff und bauen sich sehr langsam ab. Die Nährstoffe sind in dem Material gebunden und haben kaum einen Düngeeffekt. Mulchen mit braunen Materialien eignet sich gut, um langfristig Beikräuter in Schach zu halten. Grüne Mulchmaterialien wie Rasenschnitt oder Gemüsereste haben einen hohen Stickstoffanteil, der bei der Verrottung gelöst wird und eine düngende Funktion hat. Je nachdem, was du mit dem Mulch erreichen möchtest, kannst du den Anteil der braunen oder grünen Materialien in deinem Beet erhöhen. Beikräuter eignen sich als Mulch, wenn sie noch keine Samenstände ausgebildet haben, da diese sonst im Beet anwachsen und du wieder Beikraut jäten musst.

Unterschied Mulch und Kompost

Beim Mulchen werden die unverrotteten Pflanzenteile auf dein Beet gelegt. Kompostieren ist eine Kulturtechnik, bei der die Gartenabfälle und Pflanzenreste aktiv zur Zersetzung angeregt und zu nährstoffreichem Kompost umgesetzt werden. Bringst du Komposterde auf oder in deinen Gartenboden ein, dann liefert sie wesentlich schneller Nährstoffe, als eine Mulchschicht es tut.

MULCH IM GEMÜSEBEET-TIPPS

- ➜ Bevor du mulchst, solltest du den Boden auflockern und aufhacken.
- ➜ Lege eine gute Mischung aus braunen und grünen Materialien zwischen das

Wurzelgemüse, Zwiebeln und Knoblauch: kein Mulch
Frisch ausgesät: kein Mulch oder nur daneben wenige Zentimeter
Kleine Jungpflanzen: 5–10 cm Mulch
Mais, Zucchini, Kürbis, Tomate: 20–30 cm Mulch

Gemüse und auch um die einzelnen Pflanzen herum.

➔ Die Materialien werden locker und nicht zu dicht auf dem Boden verteilt.
➔ Beete mit Kürbissen, Zucchini und Tomaten profitieren besonders von einer dicken (30 cm hohen) Mulchschicht.
➔ Hast du viele Materialien zur Verfügung, dann kannst du alle Beete mulchen.
➔ Starte mit dem Mulchen, sobald du Jungpflanzen im Beet gut erkennen kannst.
➔ Mulch sollte auf der Erde liegen und nicht auf den Pflanzen.
➔ Hacke oder zerschneide deinen Mulch nicht zu klein, da er dann zu dicht auf dem Boden liegt und dadurch die Durchlüftung des Bodens nicht gewährleistet ist.
➔ Unbepflanzte Beete kannst du entweder Mulchen oder eine Blühwiese einsäen.

Eine Mulchschicht schützt den Boden nicht nur in der Gartensaison. Auch im Winter ist eine Bedeckung sinnvoll. An Tag 29 kannst du deinen Garten auf die Winterruhe vorbereiten und die Beete flächendeckend mulchen.

ZEIT-SPAR-TIPP

Hast du in deinem Garten nicht ausreichend Materialien, dann spanne Freunde und Gartennachbarn mit ein. Sie können zu ihrem Gartenbesuch ihre Grünabfälle aus der Küche oder das zusammengekehrte Laub aus dem Vorgarten mitbringen. So wird ganz nebenbei auch die Vielfalt der Materialien in der Mulchschicht gesteigert.

JUNI

Aktionstage im Juni

Im Juni unterstützt du deine jungen Gemüsepflanzen in ihrer Entwicklung. Gelbe Blätter deuten auf erste Mangelerscheinungen hin. Verfärbungen an Früchten und Blättern können aber auch Anzeichen für Krankheiten sein. Lege deinen Fokus der Pflanzenpflege auf die gesunden und kräftigen Pflanzen. Neue Aussaaten sind in dem heißen Monat Juni nicht notwendig.

18. Aktionstag: Gießen ist wichtig, vor allem dein Gießmanagement. Und dann gibt es ja auch noch Gießsysteme.
19. Aktionstag: Anhäufeln, z.B. von Kartoffeln, Lauch und Bohnen, ist eine wichtige Gartenarbeit.
20. Aktionstag: Tomaten brauchen besondere Pflege und mitunter deine ganze Aufmerksamkeit. Ausgeizen gehört dazu.

TAG 18:

WASSER MARSCH!

Gießen ist das wohl am meisten diskutierte Thema im Gemüsegarten! Heute kannst du in deinem Garten eine Bewässerung einbauen, sodass du auf die Urlaubszeit und einen warmen Sommer gut vorbereitet bist.

3 Stunden

zwei Personen

DAS BRAUCHST DU:

- ✓ *Spaten oder Handschaufel*
- ✓ *Tontöpfe mit Untersetzer*
- ✓ *Gießkanne mit Brause*

Ich bin sehr gießfaul. Wenn es hochkommt, dann greife ich an 10 Tagen im Jahr zur Gießkanne. Mein Gemüse muss mit dieser Wasserversorgung auskommen. Wenn eine bestimmte Art oder Sorte damit nicht zurechtkommt, dann wird sie im nächsten Jahr nicht mehr angebaut oder ich weiß, dass ich mit einer kleineren Ernte rechnen kann. Das ist für mich in Ordnung und ein stressfreier Umgang mit dem Garten steht für mich über einer großen Erntemenge. Hast du eine andere Einstellung zu deinem Selbstversorger-Garten, dann kann es sein, dass du häufiger zur Gießkanne greifen musst.

Mit den Tipps und Anbaumethoden von diesem Aktionstag wird dir das Gießen auf jeden Fall stark erleichtert. Dabei gibt es verschiedene Herangehensweisen, wie die wertvolle Ressource Wasser in deinem Garten schonend nutzbar gemacht wird. Zum einen kannst du deinen Garten so gestalten, dass Regenwasser optimal eingesetzt wird und bei den Pflanzen, die es benötigen, ankommt. Zum anderen kannst du die Verdunstung von Wasser reduzieren.

ZIELGERICHTET WÄSSERN

Schon beim Pflanzen kannst du kleine Gräben oder Kuhlen anlegen bzw. die Pflanzen direkt dort hineinsetzen. Regenwasser kann sich darin besser sammeln und fließt seltener in Bereiche ab, in denen keine Gemüsepflanzen angebaut sind. Auch ein Gießwall um eine einzelne Pflanze herum hilft, dass das Wasser zielgerichtet in den Wurzelbereich geleitet wird. Du kannst diesen Gießwall mit einer kleinen Handschaufel oder mit den Händen rund um deine Kohlpflanzen anlegen. Wenn du die Pflanze düngen möchtest, kannst du den Flüssigdünger ebenfalls in den Gießwall geben.

Wie viel Wasser ist im Boden?

Wie viel gegossen werden muss, das hängt nicht nur vom Gemüse, sondern auch vom Boden und der Witterung ab. Hast du einen tiefgründigen, sandig-lehmigen oder lehmigen Boden, musst du weniger gießen als bei Böden mit einem hohen Sandanteil. Wenn du nicht sicher bist, ob du gießen musst, dann nimm einen Spaten zur Hand, stich neben einer Gemüsepflanze in den Boden und drück den Spaten dann leicht zu dir hin. Fühlt sich die Erde noch feucht an oder ist sie trocken?

Bewässerungstechnik

Neben deinen Tomatenpflanzen, Kürbissen und Zucchini im Garten wie im Hochbeet kannst du heute Tontöpfe eingraben. Ton gibt Wasser durch seine poröse Struktur sehr langsam und gleichmäßig an die Umgebung ab und ist eine gute Möglichkeit, um über einen längeren Zeitraum zu wässern.

1: Grabe ein Loch in der Größe des Tontopfs neben deinen Pflanzen.
2: Verschließe das Loch des Tontopfes mit einem Stein oder mit Zement.
3: Stelle den Topf in das Loch und bring die Erde dicht an den Topf, sodass Erde und Topf großflächig aneinanderliegen.
4: Fülle den Tontopf mit Wasser.
5: Bedecke den Topf mit einem Deckel, damit keine Insekten oder Vögel ertrinken oder sich Mücken einnisten.

Du kannst aber auch zwei Tontöpfe aneinanderkleben und den entstandenen Hohlkörper als Gießhilfe nutzen. Du bekommst dann die bekannten Ollas (siehe Seite 107). Das Wasservolumen, aber auch der Aufwand der Herstellung sind hier höher.

Die Bewässerung durch Ton funktioniert auch bei Topfkulturen oder auf dem Balkon. Im Handel kannst du Tonkegel kaufen, die entweder mit einem Schlauchsystem verbunden werden, welches Wasser aus einem Eimer durch Unterdruck in deine Pflanztöpfe befördert, oder Tonkegel, die auf eine Wasserflasche gesetzt werden können. Diese Bewässerung nutze ich in Urlaubszeiten auf dem Balkon.

Verdunstung reduzieren

Neben dem zielgerichteten Wässern, das Wasser auch in tiefere Erdschichten befördern kann, solltest du auch das oberflächig anfallende Wasser wie Tau nicht vernachlässigen. Durch eine Mulchschicht oder ein Kulturschutznetz kannst du die Verdunstung der abgedeckten Erdschicht reduzieren. Ein (tau) feuchter Boden ist besser aufnahmefähig für weiteres Gieß- oder Regenwasser.

Im Frühjahr und Herbst kannst du in Frühbeeten das verdunstete Wasser auffangen. Es kondensiert an der Abdeckung und innerhalb des Frühbeets bildet sich ein feuchtes Mikroklima. Auch die Blätter deiner Pflanzen geben über Transpiration (Verdunstung) Wasser ab. Wenn du Bäume im Garten hast, lohnt es sich, Kulturen anzubauen, die auch in deren Schattenwurf oder im Schattenwurf größerer Gemüsepflanzen gut wachsen. So ersparst du den Pflanzen Hitzestress und dir Gießstress. Hast du keinen natürlichen Schattenwurf in deinem Garten, dann kannst du an besonders heißen Tagen mit hellen Baumwolltüchern an Ästen einen Schatten produzieren.

Durch integrierte Wasserspeicher, z. B. Ollas, im Gemüsebeet musst du seltener zur Gießkanne greifen.

WASSERBEDARF VON GEMÜSE

Wie viel zusätzliches Gießwasser deine Gemüsepflanzen in deinem Garten benötigen, kannst nur du sagen, da es von vielen Faktoren wie der Wasserspeicherfähigkeit deines Bodens, deiner Klimaregion und der Gemüsesorte abhängt. Damit du eine grobe Richtung hast, habe ich die nebenstehende Tabelle „Wasserbedarf der Gemüsearten" erstellt. Meistens gilt dabei, dass junge Gemüsepflanzen häufiger, aber mäßig gegossen werden müssen und größere Gemüsepflanzen seltener, dafür aber ein größeres Wasservolumen vertragen. Einige Gemüsepflanzen brauchen Wasser nur, um einen guten Anschluss an den Erdboden zu finden und wachsen dann von alleine. Andere benötigen besonders in der Phase der Fruchtbildung viel Wasser. Du wirst feststellen, dass auch die Gemüsepflanzen, die hier in die Kategorie „hoher Wasserbedarf" fallen, nicht täglich gegossen werden.

Hacken vor Gießen

Hacken ist die ideale Gießunterstützung. Eine gute Bodenpflege, also hacken und mulchen, wirkt Wunder im Garten und du wirst auch in heißen und trockenen Sommern nicht zum Gießkannenschleppen gezwungen sein. Überprüfe heute, ob sich die Erde in deinen Beeten schon verkrustet hat, und lockere sie ggf. auf. Achte beim Hacken darauf, die Erde nur oberflächlich (5–10 cm) zu lockern und die Gemüsepflanzen dabei nicht zu verletzen. Ein Boden mit feinkrümeliger Struktur an der Erdoberfläche nimmt Wasser besser auf und schützt gleichzeitig vor einer schnellen Verdunstung des Bodenwassers.

ZEIT-SPAR-TIPP

Fördere bei deinen Gemüsepflanzen von Beginn an eine kräftige Wurzelentwicklung und verwöhne sie nicht mit Wasser. Durch eine gute Jungpflanzenerziehung haben du und deine Pflanzen im Laufe der Saison weniger Wasserstress.

GEMÜSEART	GIESSVERHALTEN ALS JUNGPFLANZE	GIESSVERHALTEN BEI GRÖSSERER PFLANZE	ALLGEMEINER WASSERBEDARF
Gurke	Alle 3 Tage wenig Wasser	1 x pro Woche kräftig gießen	hoch
Zucchini	Alle 3 Tage wenig Wasser	1 x pro Woche kräftig gießen, alle 2 Wochen düngen	hoch
Kürbis und Melone	Alle 3 Tage etwas Wasser	Alle 2 Wochen kräftig gießen und düngen	hoch
Tomaten	Beim Auspflanzen 10 l Wasser pro Pflanze, dann eine Woche nicht wässern	Alle 2 Wochen kräftig gießen, bei Fruchtbildung 1 x pro Woche gießen	mittel bis hoch
Rote Bete	Nach Aussaat oder Pflanzung alle 4 Tage gießen	1 x die Woche wässern; Staunässe vermeiden	mittel
Möhren	Nach Aussaat feucht halten bis zur Keimung	Alle 2 Wochen kräftig oder 1 x pro Woche wenig	mittel
Pflücksalate	Nach Aussaat oder Pflanzung alle 4 Tage gießen	Gießen nach 2–3 Wochen einstellen oder nur noch 1x die Woche	mittel
Kohlrabi	Nach Aussaat oder Pflanzung alle 4 Tage gießen	Etwa 1 x die Woche gießen	mittel
Mais	1 x pro Woche wässern	In der Blütephase 1–2 x pro Woche kräftig gießen	mittel
Mangold	1 x pro Woche gießen	Ist die Pflanze ca. 20 cm groß, alle 2 Wochen	mittel bis niedrig
Bohnen und Zuckerschoten	Samen vor der Aussaat einweichen, bis zur Keimung feucht halten	Alle 2 Wochen gießen	niedrig
Kohl	2–3 x gießen nach der Pflanzung	Nur zur Düngung kräftig gießen	niedrig
Kartoffeln	Nicht gießen	Alle 3 Wochen, wenn es nicht regnet	niedrig
Knoblauch	Bei der Pflanzung angießen, bei Sommerpflanzung 2–3 x wässern	Mindestens 2 Wochen vor der Ernte nicht gießen	niedrig
Zwiebeln	Bei Pflanzung und ein paar Tage später wässern	2 Wochen vor der Ernte nicht gießen	niedrig

TAG 19:

BEIM WACHSEN UNTERSTÜTZEN: JETZT WIRD ANGEHÄUFELT

Es gibt verschiedene Maßnahmen, um deine Gemüsepflanzen im Wachstum zu unterstützen. Heute kannst du deine Gemüsepflanzen im Beet durch einen einfachen Trick pflegen und unterstützen.

1 Stunde

eine Person

DAS BRAUCHST DU:

- ✓ *Handschuhe*
- ✓ *Handschaufel*
- ✓ *Handgrubber*
- ✓ *Eventuell einen Kartoffelhäufler*
- ✓ *Spaten*

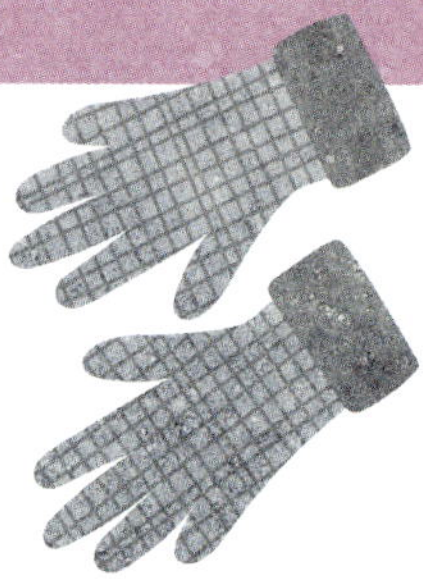

Beim Auspflanzen von Jungpflanzen hast du es wahrscheinlich schon automatisch gemacht: Den Stängel vorsichtig mit Erde angedrückt, sodass die Pflanze einen guten Halt hat und sicher im Boden steht. Mit dem Anhäufeln bringst du nachträglich Erde an den Pflanzenstängel. Der Erdhaufen, der rund um deine Pflanze entsteht, verschafft ihr einen besseren Stand im Beet, da sich Seitenwurzeln ausbilden können und dadurch die Wasser- und Nährstoffaufnahme erleichtert wird. Anhäufeln hat somit auch einen leichten Düngeeffekt.

Durch die Erde wird an der Pflanze die Bildung des grünen Pflanzenfarbstoffs Chlorophyll unterdrückt. Das ist besonders bei Kartoffeln und Lauch erwünscht. Grüne Kartoffeln enthalten neben Chlorophyll auch größere Mengen an Solanin und können bei übermäßigem Konsum gesundheitsschädigend sein.

Um das zu vermeiden, sollten die Kartoffeln immer unterirdisch wachsen können. Die Erdschicht am Lauch sorgt für einen längeren weißen Schaft. Das hat keinen gesundheitlichen Nutzen, schmeckt aber besser. Umso tiefer die Lauchstange in der Erde steckt, desto größer ist der Weißanteil.

Anhäufeln erlaubt

- ➜ Lauch
- ➜ Kartoffeln
- ➜ Bohnen
- ➜ Kohl

SO WIRD'S GEMACHT

Bei Kohl und Bohnen dient das Anhäufeln einem stabilen Stand der Pflanze. Sobald diese nach dem Keimen oder auch nach dem Auspflanzen im Beet einige Zentimeter gewachsen ist, kannst du Erde rund um die Pflanze leicht lockern und an den Pflanzenstiel heranschieben. Lockere nicht zu nah an deinen Pflanzen den Boden, da du sonst kleine Wurzeln beschädigen kannst. Die Erde sollte leicht feucht, aber nicht nass und klumpig sein. Du kannst sie mit den Händen zerbröseln und locker heranschieben. Am Pflanzenstängel kannst du den Wall leicht andrücken. So fest, dass er nicht direkt wieder vom Regenwasser abgeschwemmt wird, aber auch locker genug, damit die Erde nicht verdichtet und dadurch die Pflanze erstickt.

Schießen deine Kohlpflanzen schnell in die Höhe, dann kann es dazu kommen, dass sich die Kohlpflanze mitsamt dem Stängel zum Boden neigt und sich dort ablegt. Auch hier kannst du Erde auf den am Boden liegenden Stiel geben. Versuche aber nicht, die Pflanze an dieser Stelle gerade aufzurichten, da der Stiel dann zu brechen droht.

Lauch kannst du auch durch Heranschieben der umgebenden Erde anhäufeln. Bis zum Vegetationspunkt, also der Stelle, an der sich neue Blätter ausbilden, kannst du Erde in die Höhe schichten. Du bewirkst dadurch nicht nur einen höheren Weißanteil des Lauchstängels, das Gemüse steht auch besser im Boden.

KARTOFFELN ANHÄUFELN

Achte bei der Pflanzung der Kartoffeln auf einen ausreichenden Abstand zwischen den Reihen, da du sonst beim Anhäufeln die nebenliegende Reihe ausgraben könntest. Bis Mitte Juni sollten nur die oberen Blätter der Kartoffelpflanze aus der Erde schauen und du kannst die Pflanzen wiederholt anhäufeln – danach können die Kartoffelpflanzen in die Höhe wachsen. Baust du deine Kartoffeln in einer Mischkultur an, dann solltest du zusätzliche Erde bereit haben, mit der du deine Kartoffelpflanzen bedecken kannst.

TAG 20:

TOMATEN AUSGEIZEN UND PFLEGEN

Das Ausgeizen deiner Tomatenpflanzen wird zum regelmäßigen Ritual werden. Aber auch sonst macht es Sinn, sich an einem Gartentag intensiver mit den Tomatenpflanzen zu beschäftigen. Hast du nur Wildtomaten angepflanzt, dann entfällt dieser Tag.

1 Stunde

eine Person

DAS BRAUCHST DU:

- ✓ *Messer oder Gartenschere*
- ✓ *Schnur*
- ✓ *Evtl. Rankstäbe*
- ✓ *Glas mit Wasser*

Bis zum Juli sind deine Tomaten – ob im Freiland oder unter Dach – schon gut gewachsen und du kannst einige Blätter entfernen, damit sie ihre Kraft in die Entwicklung der Blüten und Früchte geben können. Beim Entfernen von Tomatenblättern solltest du auf eine Balance achten, bei der die Angriffsfläche für den Befall mit Kraut- und Braunfäule reduziert wird und dennoch ausreichend Fläche für die Bildung von Chlorophyll bzw. Zucker in der Pflanze bestehen bleibt.

Tomatenblätter werden gegen den Ausbreitungsdrang der Pflanze entfernt. Ein lichteres Blattkleid ermöglicht außerdem ideale Lichtverhältnisse für die Fruchtentwicklung und eine ausreichende Belüftung, sodass die gesamte Pflanze schnell abtrocknen kann und sich in der weiteren Folge keine Pilzkrankheiten entwickeln.

DIE RICHTIGE PFLEGE

Das Ausgeizen beschreibt das Entfernen von sogenannten Geiztrieben, die zwischen dem Haupttrieb und den Blättern wachsen. Es handelt sich um unerwünschte Nebentriebe, die zwischen Stamm und Blättern wachsen. Diese Triebe wachsen ähnlich wie der Haupttrieb und können ebenso Blüten und Früchte ausbilden. Lässt man die Nebentriebe stehen, entwickelt sich die Tomate sehr buschig und steckt ihre Kraft in die Entwicklung aller Triebe. Es bilden sich dann kleinere Früchte, die zum Teil auch gar nicht ausreifen. Sie werden also entfernt, damit alle Kraft in die Entwicklung des Haupttriebs und dessen Früchte gesteckt werden kann. Die Früchte des Haupttriebes werden dadurch größer und schmecken besser. Lässt du mehrere Geiztriebe stehen, die sich dann weiterentwickeln und Früchte tragen, wird es auch mit dem Gewicht der Früchte problematisch. Wenn der Tomatenpflanze die Last zu schwer wird, drohen Äste abzubrechen. Hast du mal Geiztriebe übersehen, kannst du sie auch später noch entfernen, allerdings beginnen die Triebe teilweise schon ab einer Länge von 10 cm zu blühen und dann wird es schwierig, sie zu entfernen, ohne das Pflanzengewebe zu verletzen. Und das sollte unbedingt nicht passieren. Tomaten sind nämlich sehr anfällig für allerlei Krankheiten und verletztes Pflanzengewebe ist die beste Eintrittspforte für Pilze, Viren und Bakterien. Die Sache mit dem Ausgeizen gilt allerdings hauptsächlich für Stabtomaten. Bei Buschtomaten oder Wildtomaten musst du keine Geiztriebe entfernen.

Diese Blätter müssen weg

Neben den Geiztrieben kannst du weitere Tomatenblätter entfernen und damit die Licht- und Luftverhältnisse der Pflanze verbessern. Sind deine Tomaten etwa 1 m hoch gewachsen, solltest du die unteren Blätter bis zur ersten Rispe entfernen. Sporen der Kraut- und Braunfäule werden häufig über Spritzwasser vom Boden übertragen. Sind die unteren Blätter und somit die Angriffsfläche der Pflanze weit entfernt, dann reduziert sich das Risiko eines Befalls. Auch Teile der äußeren Blätter können getrost eingekürzt werden, du solltest sie aber nicht komplett entfernen. Gerade dann, wenn deine Tomatenpflanzen eng beieinanderstehen und sich die Blätter der unterschiedlichen Pflanzen berühren, ist das eine gute Maßnahme. Entferne aber nicht zu viele Blätter. Sie sind die Kraftquelle der Pflanze, ohne Blätter findet kein Wachstum statt.

Einige Menschen reagieren mit einer Kontaktallergie auf Tomatenblätter. Zum Ausgeizen kannst du Handschuhe tragen, um dich davor zu schützen.

TIPPS ZUM AUSGEIZEN

1: Beginne von unten die Blätter an deinen Tomaten zu entfernen. Es sollte kein Blatt den Boden berühren.

2: Sind die Triebe und Blätter noch klein, dann kannst du sie mit den Fingern abbrechen. Bewege die Triebe leicht vor und zurück, dann sollten sie abknicken.

3: Sind die Triebe schon kräftiger, dann greife zu einem Messer oder einer Gartenschere und schneide sie vorsichtig ab. Die offene „Wunde" an deiner Tomatenpflanze sollte möglichst klein bleiben, damit sich keine Keime oder Sporen anlagern können.

4: Frühmorgens lassen sich die Triebe gut ausbrechen, da die Pflanze noch prall gefüllt mit Wasser ist. Die Wunden trocknen an einem sonnigen und trockenen Tag schnell und gut ab.

5: Triebe sollten nie von der Pflanze gerissen werden, da so die Gefahr besteht, dass Pflanzenfasern mitgerissen werden und eine größere Wunde an der Pflanze entsteht.

6: Verwendest du ein Messer zum Ausgeizen, dann reinige es an einem Tuch, bevor du zur nächsten Pflanze übergehst. Es können sonst Krankheiten von Pflanze zu Pflanze übertragen werden.

7: Entferne alle Geiztriebe bis auf den obersten. Falls dein Haupttrieb abbricht oder in einer Blüte endet, kannst du den Geiztrieb auch nach oben leiten und so zum Haupttrieb machen.

TOMATENBLÄTTER VERWENDEN

Abgeknipste oder abgeschnittene Tomatenblätter müssen nicht auf dem Kompost oder im Biomüll landen. Du kannst sie noch weiter verwenden, z.B. um eine Tomatenjauche herzustellen. Legst du Tomatenblätter neben Kohlpflanzen, dann bleibt der Kohlweißling weg. Außerdem kannst du die Blätter als Mulchmaterial nutzen. Sind die abgenommenen Triebe ganz in Ordnung und nicht verletzt, kannst du versuchen, sie in Wasser bewurzeln zu lassen.

Tomatenblätterjauche

Beim Ausgeizen und Entfernen der Tomatenpflanzen fallen einige Blätter an. Du kannst daraus eine Jauche zubereiten und sie als Dünger, zur Pflanzenstärkung und Schädlingsabwehr nutzen. Die Herstellung funktioniert genauso wie bei der Brennnesseljauche (siehe Seite 82). Tomatenjauche kann im Verhältnis 1:2 mit Wasser verdünnt und für Starkzehrer verwendet werden.

Gießt du deine Kohlpflanzen zwei- bis dreimal in der Wachstumsphase mit Tomatenblätterjauche, beugst du automatisch den typischen Kohlschädlingen vor. Kohlweißling und Kohlfliege mögen den Geruch der Tomaten nicht und meiden diese Pflanzen.

Tomatenpflanzen gratis

Die abgeknipsten Geiztriebe kannst du als neue Tomatenpflanzen großziehen. Einen Geiztrieb wieder einzupflanzen, kann dir eine größere Ernte bescheren. Es werden die großen und kräftigen Triebe mit Blüten- oder Fruchtansätzen verwendet. Du stellst die abgetrennten Triebe für etwa eine Woche in ein hohes Glas mit Wasser. Am Stiel bilden sich neue Wurzeln aus. Deine neue Tomatenjungpflanze kannst du wie schon beschrieben einpflanzen und pflegen.

Noch mehr Pflegetipps

Heute kannst du auch den Stand deiner Tomatenpflanzen kontrollieren. Sind die Rankstäbe noch stabil im Boden befestigt? Muss die Tomatenpflanze noch mal an den Stab angebunden werden oder in einen Spiralstab eingedreht werden?

Bei Pflanzstäben sollte die Tomate etwa an jedem dritten Blattansatz angebunden werden. Das Band darf nicht zu eng liegen, da der Trieb auch noch in die Breite wachsen kann und dann eingeschnürt werden würde. Solltest du dich entscheiden, einzelne Tomatenpflanzen doch mit zwei Trieben stehen zu lassen, dann kannst du jetzt einen zweiten Rankstab dazustellen und den Geiztrieb hier befestigen. Eine zweitriebige Kultur ist auf jeden Fall möglich, solange du ausreichend Platz zu der nächsten Tomatenpflanze hast und die Triebe gut stützen kannst.

Jetzt hat deine Tomatenpflanze einen luftigen und sicheren Stand und sie kann kräftig Früchte entwickeln. Als Unterstützung darfst du ab und an Hummel spielen und an den Tomatentrieben oder direkt an der Rispe klopfen. Durch diese kleine rhythmische Berührung wird die Tomatenblüte befruchtet. Da Tomatenblüten zwittrig sind, muss keine Übertragung von Blüte zu Blüte stattfinden. Hast du ausreichend bestäubende Insekten und Hummeln in deinem Garten, dann kannst du dich zurücklehnen und getrost den Profis die Arbeit überlassen.

ZEIT-SPAR-TIPP

Die Tomatenanzucht kann viel Pflegezeit in Anspruch nehmen. Wildtomaten und Buschtomaten benötigen diese Zuwendungen nicht. Sie werden nicht ausgegeizt und Wildtomaten benötigen auch keine Rankhilfe.
Beim Auspflanzen schon die große Pflanze vor Augen zu haben, kann den Pflegeaufwand im Nachhinein auch reduzieren. Pflanze deine Tomaten mit 1 m Abstand aus. Dann musst du später weniger Blätter entfernen, da sie alleine und luftig stehen.

Aus den größeren Geiztrieben kannst du dir, z.B. im Tontopf, neue und kräftige Tomatenpflanzen großziehen und deine Ernteperiode verlängern.

Wildtomaten wie die Sorte 'Rote Ribisel' oder die Sorte 'Gelbe Johannisbeere' sind sehr pflegeleicht: Sie ranken am Boden und werden nicht ausgegeizt.

JULI

Aktionstage im Juli

Während du und dein Gemüse sich im Juli vor Sonnenbrand schützen müssen, wandern die ersten Gedanken zum Wintergemüse. Aussaaten im Juli und August ermöglichen eine Ernte in den späten Monaten des Jahres. Durch ein Gießsystem und eine Mulchschicht kannst du deinen Garten auch für ein paar Wochen allein lassen und deinen Urlaub genießen.

21. Aktionstag: Es ist zwar noch Sommer, aber du solltest jetzt schon an den Winter und die Versorgung mit frischem Gemüse denken: Säe Wintergemüse aus.

22. Aktionstag: Schütze deinen Gartenboden, indem du ihn nicht kahl liegen lässt. Wenn ein Beet leer geräumt ist, säst du am besten eine Gründüngung aus.

TAG 21:

WINTERGEMÜSE AUSSÄEN

Auch im Winter kannst du zahlreiche Gemüsesorten aus deinem Garten ernten. Damit sie ausreichend groß werden und reifen können, solltest du schon im Sommer an die Winterernte denken. Im Juli beginnt die zweite Aussaatzeit im Jahr, in der ein paar Samen mehr ins Beet wandern dürfen.

2 Stunden

eine Person

DAS BRAUCHST DU:

- ✓ *Saatgut*
- ✓ *Jungpflanzen*
- ✓ *Freie Beetflächen*
- ✓ *Rechen*
- ✓ *Harke*
- ✓ *Kulturschutznetz*
- ✓ *Anzuchtmaterialien*

Viele Gemüse sind frostunempfindlicher, als man denkt. Sie können im Garten überwintern und auch bei kühleren Temperaturen noch wachsen. Hast du ein Gewächshaus, kannst du im Winter natürlich mehr ernten, aber auch ein sogenanntes Frühbeet kann gute Dienste leisten und Gemüse Schutz geben. Ein Frühbeet steht auf dem Gartenboden, durch die Wände des Beetes wird die Wärme gestaut und kalte Winde werden abgehalten. So ein Frühbeet ist maximal 80–100 cm hoch und kann im Frühjahr sowie im Herbst und Winter die Saison verlängern. Wie du ein Frühbeet in Windeseile selbst aufstellen kannst, das lernst du an Tag 25. Aber auch im Freiland können bestimmte Gemüsearten dem Winter trotzen. Ein Vlies oder Mulch, macht einen Temperaturunterschied von bis zu 5 °C aus, verlängert die Ernteperiode und schützt den Boden vor Frost.

TOLLES WINTERGEMÜSE

Der größte Vorteil von Wintergemüse aus dem eigenen Garten ist die Frische und Regionalität. Dein Garten ist nicht nur ein Sommerernte-Garten und du schöpfst aus dem vollen Gemüse-Spektrum. Im Winter ist der Anbau aber auf Blatt-, Wurzel- und Kohlgemüse beschränkt. Durch den eigenen saisonalen Anbau kannst du neue Sorten kennenlernen, die es meist nicht zu kaufen gibt, und du lernst den berühmten „Spargeleffekt" bei vielen Gemüsesorten rund um die Saison kennen.

Auch dein Boden freut sich über das Wintergemüse, da er so durch Begrünung bedeckt und der Witterung weniger stark ausgesetzt ist. Beachtest du dann noch die sinnvollen Tipps zum Mulchen im Winter, kannst du auch über den Winter einen wertvollen Gartenboden herstellen oder erhalten.

Winteraussaat

Mit einer Winteraussaat und -pflanzung kannst du deine Ernte erhöhen und freie Plätze füllen. Achte auch bei der jetzigen Aussaat auf deine Fruchtfolge und schau dir die Tipps von Tag 3 (Grundregeln für deinen Pflanzplan) noch einmal an. Insbesondere Kohlpflanzen sollten das Beet nicht beliebig wechseln und in dem Beet für diese Saison verbleiben, sodass der Kohl im Folgejahr problemlos auf ein anderes Beet umziehen kann.

Achte bei deiner Auswahl unbedingt auf Wintersorten. Einige Salate wachsen sehr gut im Sommer, andere Sorten sind kälteresistenter und besser für die Winteraussaat geeignet. Möchtest du einige Sorten für die Winterernte noch vorziehen, dann kannst du das auch draußen in geschützter Umgebung z. B. auf dem Balkon machen und musst deine Anzucht nicht in der Wohnung starten, denn jetzt ist es ja auch draußen warm genug. Die jungen Pflanzen müssen aber auch im Spätsommer vor der Auspflanzung ins Beet abgehärtet, also an die Bedingungen im Beet angepasst werden – und das gilt besonders dann, wenn du nicht die Möglichkeit hast, sie draußen vorzuziehen.

LERCHENZUNGEN (*BRASSICA OLERACEA* VAR. *SABELLICA*)

Eine besondere Spezialität im winterlichen Gemüsegarten sind die Lerchenzungen, eine halbhohe Grünkohlsorte mit langen schmalen, gekrausten Blättern. Dieser Grünkohl ist gut winterhart und kann über einen längeren Zeitraum ab November bis in den Februar hinein geerntet werden. Du kannst ihn einige Tage kühl lagern oder putzen, blanchieren und einfrieren. Grünkohl, wie die Lerchenzungen, sind genau das Richtige für deftige Wintermahlzeiten, er kann aber auch im Smoothie verarbeitet werden.

VORZIEHEN FÜR DIE WINTERERNTE

- ✓ Kopfsalat
- ✓ Lauchzwiebeln
- ✓ Brokkoli
- ✓ Frühlingszwiebeln
- ✓ Rote Bete
- ✓ Kohlrabi
- ✓ Chinakohl
- ✓ Rosenkohl
- ✓ Radicchio
- ✓ Eichblattsalat
- ✓ Romanasalat
- ✓ Pflücksalate
- ✓ Fenchel

DIREKTSAAT FÜR DEN WINTER

- ✓ Möhren
- ✓ Wirsing
- ✓ Grünkohl
- ✓ Feldsalat
- ✓ Radieschen
- ✓ Rucola
- ✓ Rettich
- ✓ Spinat
- ✓ Mangold
- ✓ Rote Bete
- ✓ Zuckererbsen (nur für die Triebe)
- ✓ Endiviensalat
- ✓ Blattsenf

AUSPFLANZEN ALS JUNGPFLANZE

- ✓ Rotkohl
- ✓ Wirsing
- ✓ Grünkohl
- ✓ Palmkohl
- ✓ Mangold
- ✓ Rote Bete
- ✓ Salate diverse
- ✓ Lauch

Noch bis September kannst du deine Rotkohlpflanzen für eine Ernte im Winter auspflanzen.

TIPPS FÜR DEN WINTERGEMÜSE-ANBAU

Bei ungünstigen Temperaturschwankungen nach der Aussaat können die Samen vertrocknen, faulen oder zu schnell in die Höhe schießen. Achte bei deiner Winteraussaat regelmäßig auf den Zustand der Erde und der jungen Keimlinge.

- ➜ Möhren: Wähle einen größeren Saatabstand bei den späten Möhrensorten. Sie werden meist etwas größer als Frühjahrsmöhren. Im Herbst und Winter haben Möhren einen besonders hohen Zuckergehalt und schmecken sehr süß.
- ➜ Grünkohl: Grünkohl und Palmkohl müssen nicht zeitlich versetzt gepflanzt oder gesät werden, da sie immer wieder beerntet werden können. Ernte die Blätter immer von unten ab, wenn sie die für dich passende Größe erreicht haben. Grünkohl muss nicht frieren, um gut zu schmecken.
- ➜ Zuckererbsen: Säst du Zuckererbsen im Juli aus, kannst du im Herbst die frischen Triebe ernten. Blüten oder Hülsen werden sich wahrscheinlich nicht entwickeln.

ZEIT-SPAR-TIPP

Steck dir zu Beginn deines Gartentages die zwei Lieblingskulturen, die du auf jeden Fall aussäen möchtest, in die Hosentasche und säe bei deinem Gartenrundgang zwischendurch ein.

- ➜ Lauch: Die Lauchsorten 'Blaugrüner Winter' und 'Siegfried' haben sich als robuste Wintersorten bewährt. Setze Lauch jetzt nur noch als Jungpflanze ein und häufele die Stangen besonders hoch an, bis du ihn im Winter erntest.
- ➜ Salate: Bei Salaten wird es im Juli entspannter. Du musst nicht mehr auf schossfeste Sorten achten und kannst aus dem Vollen schöpfen. Auch viele Wintersalate wie Endivien und Radicchio können nun ausgesät werden. Gute Wintersorten sind 'Grazer Krauthäuptl 2', 'Palla Rossa' und 'Little Gem'.

Säe im Juli deinen Feldsalat, den du frisch für das Weihnachtsessen ernten kannst.

Lauch lässt sich in Sommer- und Wintersorten aufteilen. Letztere sind robuster gegenüber Kälte.

TAG 22:
GRÜNDÜNGUNG AUSSÄEN

Eine Gründüngung ist nicht zum Ernten und Verzehren da, sie ist vielmehr eine Wellnesskur für deinen Gartenboden. Mit einer Gründüngung wird der Boden regeneriert, verbessert und das Bodenleben aktiviert. Heute kannst du freie Beetflächen mit einer Gründüngung bereichern.

2 Stunden

eine Person

DAS BRAUCHST DU:

- ✓ *Freie Beetflächen*
- ✓ *Rechen*
- ✓ *Beikrautstecher*
- ✓ *Gründüngungs-Saatgut*
- ✓ *Flaches Brett*

Bevor einige deiner Gemüsebeete nackt sind und sich vor dem üppigen Grün rechts und links schämen, kannst du sie mit etwas Neuem und Innovativem ausstatten: einer Gründüngung. Einen richtigen Dünger bringst du mit deiner Gründüngung nicht in die Erde, höchstens bei Leguminosen als Gründüngungspflanzen wie Klee oder Erbsen. Die binden nämlich im Boden Stickstoff und geben den dann an die nachfolgenden Gemüse wieder ab. Vor allem ist eine Gründüngung zum Bodenschutz gedacht. Gleichzeitig bieten Gründüngungspflanzen ein großes Nahrungsangebot für Bienen und andere Insekten. Besonders einfach geht das mit Phacelia, dem Bienenfreund.

PRAKTISCH UND GUT

Eine Gründüngung kannst du von März bis Oktober einsäen. Im Winter frieren die Pflanzen entweder ab oder sie werden im nächsten Frühjahr abgemäht und in den Boden eingearbeitet. Die Blühpflanzen kannst du immer als grünen Notnagel nutzen, wenn du keine Zeit für weitere Gemüsepflanzen in deinem Beet hast. Die Pflanzen wachsen besonders schnell und bedecken die Freiflächen mit Grün. Im Herbst findet die Gründüngung häufig ihre Anwendung, denn jetzt ist Erntezeit und die Beete werden leerer.

So geht's

Vor der Aussaat befreist du die Fläche grob von Beikräutern und rechst sie glatt. Eine feinkrümelige Struktur wie bei der Aussaat von Gemüsekulturen ist nicht zwingend notwendig. Gründüngung wird ganz einfach breitwürfig ausgesät. Reihenziehen fällt ganz weg. Pro Quadratmeter kannst du etwa 4–6 g Saatgut verwenden. Genaue Angaben findest du auf der Saatguttüte.

Nach der Aussaat kannst du einmal mit „platten Schritten" über die Fläche laufen und die Körner festtreten. Hast du nicht besonders viele Vögel bei dir im Garten, dann brauchst du keine Flatterbänder oder Ähnliches anzubringen. Auch gießen musst du deine Fläche erst mal nicht. Warte auf den ersten richtigen Regen, der die Keimung ganz natürlich anregt. Nun sollte die Fläche bis zum Aufgang der Pflanzen alle paar Tage gegossen oder durch Regen nass werden. Sind die Gründüngungspflanzen wenige Zentimeter groß, kannst du sie sich selbst überlassen.

POSITIVE EFFEKTE EINER GRÜNDÜNGUNG

Egal für welche Gründüngungspflanzen du dich entscheidest, sie alle schützen den Boden vor Erosion. Arbeitest du das Grün in den Boden ein, trägt das zur Humusbildung bei. Auch die Wurzeln einiger Pflanzen fördern die Bodengesundheit, andere zeichnen sich durch ein besonders verlockendes Nahrungsangebot aus.

- ➜ Lupinen, Sonnenblumen, Rotklee: Lockern den Boden durch ihre tiefen Wurzeln auf.
- ➜ Phacelia, Inkarnatklee und Buchweizen: Bilden besonders viele Blüten für Insekten.
- ➜ Bohnen und Erbsen: Speichern Stickstoff im Boden und können beerntet werden.
- ➜ Tagetes und Ringelblumen: Vertreiben Schädlinge, wie Nematoden.

ZEIT-SPAR-TIPP

Auch Kohlbeete, die erst in ein paar Wochen abgeerntet werden, können direkt nach der Ernte schon von einem grünen Bodendecker bedeckt sein. Du musst nicht immer darauf warten, dass Beete vollständig abgeerntet sind, sondern kannst einfach vorausschauend nachsäen.

Besser nicht

Senfsaat, wie z.B. Gelbsenf, wird oft als Gründüngung empfohlen. Senf gehört aber zur selben Familie wie die Kohlgewächse und kann deine Fruchtfolge durcheinanderbringen. Nach Senf darf auf dem Beet nämlich für die nächsten drei Jahre kein Kohl mehr angebaut werden. Bei einem großen Garten ist es kein Problem, die Fruchtfolge einzuhalten. Ansonsten ist es aber einfacher, andere Gründüngungspflanzen zu nutzen.

AUGUST

Aktionstage im August

Bis August sind deine kleinen Pflänzchen zu großem Gemüse herangewachsen. Behalte jetzt den Überblick: Ernte die reifen Gemüse rechtzeitig, verarbeite oder lagere sie, wähle Pflanzen für die Saatgutgewinnung aus und kürze Pflanzen wie Tomaten und Kürbisse ein. Entstehende Beetlücken kannst du mit Mulch oder einer Gründüngung bedecken.

23. Aktionstag: Säen, pflanzen, pflegen, ernten – das gehört alles dazu, aber am schönsten ist doch die Verarbeitung von Gemüse. Heute kochst du Tomatensauce ein.

24. Aktionstag: Ganz besonders erfüllend und gleichzeitig sehr nachhaltig ist die Samenernte. An diesem Aktionstag steht die Saatgutgewinnung auf dem Plan.

TAG 23:

TOMATENSAUCE EINKOCHEN

Heute kannst du das erste echte Kochrezept mit Tomaten aus eigenem Anbau umsetzen. Tomatensauce ist ein klassisches Rezept für Selbstversorger, denn du kannst damit große Teile deiner Tomatenernte haltbar machen.

1,5 Stunden

eine Person

DAS BRAUCHST DU:

- ✓ *1 kleine Zwiebel*
- ✓ *Öl*
- ✓ *1 kg Tomaten*
- ✓ *Frische Kräuter nach Belieben*
- ✓ *Etwas Wasser*
- ✓ *1 Knoblauchzehe*
- ✓ *2 EL Zitronensaft*
- ✓ *Salz und Pfeffer*
- ✓ *Gläser (1 kg Tomaten ergibt etwa 1 l Sauce)*
- ✓ *Essig, zum Reinigen der Gläser*

Mit der eigenen Tomatensauce und dem frischen süß-säuerlichen Geschmack kannst du im Winter den Sommer schmecken. Besonders Roma-, Eier- und Fleischtomaten eignen sich für eine saftige Tomatensauce. Eingekochte Tomatensauce ermöglicht dir im Herbst und Winter ein gesundes schnelles Essen aus dem Garten. Mit verschiedenen Kräutern und anderen Gartengemüsen kannst du dein Rezept variieren. Verwende zum Einkochen immer nur einwandfreie Früchte.

Der Zitronensaft in diesem Rezept ist eine wichtige Zutat, die du nicht weglassen solltest. Durch die Säure wird die Sauce zusätzlich zum Einkochen konserviert und die Gefahr reduziert, dass sich über eine längere Lagerzeit Bakterien wie der Botulismus-Erreger verbreiten können. Lebensmittelbotulismus kann zu starken Vergiftungen führen, da er vor dem

Verzehr nicht sichtbar ist. Durch die hohe Säurekonzentration und die Erhitzung werden mögliche Sporen inaktiviert und du kannst deine Sauce bedenkenlos genießen.

SO GEHT'S:

1: Zwiebel in kleine Würfel schneiden und in Öl scharf anbraten.

2: Tomaten waschen und vierteln, Kräuter klein schneiden. Möchtest du deine Kräuter nach dem Kochen wieder aus der Sauce entfernen, dann kannst du sie am Stiel mitkochen.

3: Tomaten mit etwas Wasser der gehackten Knoblauchzehe und dem Zitronensaft in einem großen Topf aufkochen lassen. Etwa 30 Minuten bei geringer Hitze köcheln lassen und ab und an umrühren. Zwischendurch mit Salz und Pfeffer abschmecken.

4: In der Zwischenzeit die Gläser auskochen, Deckel und Gummiringe für 5 Minuten in Essigwasser auskochen.

5: Die fertige Sauce leicht abkühlen lassen und mit einem Pürierstab oder einem Kartoffelstampfer pürieren.

Jetzt wird eingekocht

1: Fülle die Sauce mit einer Schöpfkelle in deine vorbereiteten Gläser. Bis zum Rand sollten etwa 2 cm Luft sein.

2: Den Rand mit einem Tuch säubern, Gummiring und Deckel auflegen und mit Einkochklammern verschließen.

3: In einem Einkochautomaten für 40 Minuten bei 100 °C einkochen. Alternativ füllst du ein tiefes Backblech mit etwas Wasser und stellst die Gläser hinein. 40 Minuten bei 120 °C im Ofen backen.

Es ist wichtig, dass die Tomatensauce und das umliegende Wasser in etwa die gleiche Temperatur haben, egal ob im Einkochautomaten oder im Backofen: Stellst du heiße Sauce in kaltes Wasser oder umgekehrt, dann kann das Glas platzen.

Jedes Jahr bringt die Ernte einen neuen Geschmack und deine Sauce schmeckt immer anders.

Da geht noch mehr

Mit diesem Grundrezept zum Sauceeinkochen kannst du viele weitere Gemüse aus deinem Garten verarbeiten und auch mit dem Geschmack deiner Tomatensauce experimentieren. Mit Chili, Oregano, Basilikum oder Paprika kannst du dein Rezept variieren.

ZEIT-SPAR-TIPP

Das Kleinschneiden der Tomaten ist nicht unbedingt notwendig. Verwendest du Cocktailtomaten, kannst du die ganzen Früchte in den Topf geben. Größere Tomatensorten kannst du auch nur halbieren.

TAG 24:

SAATGUT GEWINNEN

Samen ernten ist eine sehr anspruchsvolle und schöne Gartenarbeit. Bedenke jedoch, dass die kleinen und großen Samenkörner dir die Ernte für das nächste Jahr sichern. Die Saatgutgewinnung macht viel Spaß und eignet sich gut als Gemeinschaftsaufgabe.

3 Stunden; und so lange musst du warten: bis zu 4 Wochen

Gemeinschaftsaufgabe

DAS BRAUCHST DU:

- ✓ *Samenstände oder ausgereifte Früchte für die Saatgutgewinnung*
- ✓ *Leere Marmeladengläser mit Deckel*
- ✓ *Wasser (nicht aus der Regentonne)*
- ✓ *Kleine Löffel*
- ✓ *Sieb*
- ✓ *Flache Teller oder Schalen*
- ✓ *Zeitungspapier*

Damit Samenkörner gebildet werden, muss eine Pflanze zuvor in die Blüte gehen. Viele Gemüsepflanzen essen wir allerdings, bevor sie blühen, z.B. Kohlgemüse, Radieschen, Salate, Lauch und noch mehr. Bei anderen Arten wie der Tomate essen wir die voll ausgereifte Frucht, die sich nach der Blüte gebildet hat. In ihr sind die Samen enthalten. Das ist auch bei Bohnen und Erbsen der Fall. Wir essen entweder die Hülse samt Samen bei den Bohnen oder nur die Körner bei den Erbsen.

SO GEHT'S

Damit du aus allen Gemüsearten Saatgut gewinnen kannst, müssen die Pflanzen voll ausreifen und Samen bilden können. Somit verbleiben Gemüse, die zur Saatgutgewinnung genutzt werden, oft länger als üblich im Beet. Anfangs solltest du die Saatgutgewinnung bei

Gemüse wie Bohnen, Tomaten, Mangold, Kürbissen und Lauch ausprobieren, die einfach zu vermehren sind.

Die Saatgutgewinnung teilt sich über die Saison gesehen in mehrere Schritte auf:

1: Frühjahr bis Sommer: Anbau der Gemüsepflanzen
2: Spätsommer/Herbst: Ausreifen ausgewählter Früchte
3: Spätsommer/Herbst: Ernte der Früchte
4: Herbst: Trocknen der Früchte und der Samen
5: Herbst und Winter: Reinigen der Samen
6: Herbst und Winter: Verpacken, beschriften und lagern
7: Folgejahr: Ausbringen oder verschenken

WARUM DU EIGENES SAATGUT GEWINNEN SOLLTEST

Die eigene Saatgutgewinnung im Garten rundet den ökologischen Kreislauf ab. Du kannst deine Sorten im Folgejahr erneut nutzen. Baust du über mehrere Jahre hinweg Gemüse aus eigenem Saatgut an, dann stellt sich ein Gewöhnungseffekt der Pflanzen ein und sie sind besser auf deinen Garten angepasst. Hier darfst du aber keine Wunder erwarten – deine Pflanzen sind trotzdem auf den richtigen Standort, die Bereitstellung von Nährstoffen und Wasser und die richtigen Pflanzabstände angewiesen.

Hast du einmal den Erntezeitpunkt einzelner Früchte verpasst, dann kannst das Saatgut ernten. Zu guter Letzt schafft Saatgutvermehrung auch Gemeinschaft. Durch Saatgutbörsen und Tauschhandel unter anderen Gärtnern, lernst du neue und alte Sorten kennen. Saatgut-Feste finden oft im Vorfrühling statt und ermöglichen einen regen Austausch zum Gemüseanbau inklusive Praxistipps.

Samenstände in eine Tüte geben, zwischen den Händen reiben, dann trennen sich Samen und Spreu.

Samen auf einem Sieb mit Papierunterlage an einem luftigen, geschützten Platz trocknen lassen.

Jede Samensorten in einzelne Tüten füllen, verschließen und mit Namen und Datum beschriften.

Die etwas andere Vermehrung

Es gibt zwei Methoden, Pflanzen zu vermehren: über Saatgut und über Pflanzenteile. Bei der sogenannten vegetativen Vermehrung werden Wurzel- oder Blattstecklinge, Ausläufer, unterirdische Sprossknollen oder Zwiebeln verwendet. Das beste Beispiel hierfür ist die Kartoffel. Bei Zwiebeln geht es aber genauso leicht, Knoblauch wird ebenfalls mithilfe der einzelnen Zehen vermehrt. Am Aussehen der Pflanze ändert sich bei der vegetativen Vermehrung gar nichts, bei der generativen, d.h. geschlechtlichen Vermehrung über Samen ist das häufiger der Fall, denn bei der Bestäubung sind ja oft mehrere Pflanzen im Spiel.

KARTOFFELN VERMEHREN

Du kannst von deinen geernteten Kartoffeln einige Knollen für die Pflanzung im Folgejahr einlagern. Wähle bei der Kartoffelernte kleine aber gesund aussehende Knollen aus, die in einem separaten Kasten oder Leinensack aufbewahrt werden und im nächsten Jahr wieder ausgepflanzt werden, nachdem sie gekeimt sind (siehe Seite 66).

TOMATENSAMEN GEWINNEN

Bei Tomaten essen wir die ausgereiften Früchte mitsamt den Samen auf. Für die Saatgutgewinnung solltest du besonders prächtig aussehende, gesunde Früchte nutzen. Wähle sie Ende August nach Farbe, Größe und Geschmack der Sorte aus. Achte bei der Auswahl auf samenfeste und resistente Sorten, die im Anbau besser mit Krankheiten zurechtkommen. Eine Tomatenfrucht zur Saatgutgewinnung sollte reif geerntet werden. Grüne und nachgereifte Tomaten eignen sich nicht zur Saatgutgewinnung.

So gehst du vor

1: Zuerst schneidest du die Frucht mit einem sauberen Messer auf. Löffele dann das Fruchtfleisch mit den Samen aus und gib die Masse in ein Glas. Verwende pro Sorte nur ein Glas. Die Sorten sollten nicht ver-

Knoblauchknollen werden im Ganzen geerntet und müssen gut trocknen. Sie werden erst einige Stunden vor dem Stecken in einzelne Zehen geteilt.

Ob Süßkartoffeln oder Kartoffeln: Die Knollen werden bis zum Austreiben im Frühjahr nebeneinander in Kisten gelegt und kühl und trocken aufbewahrt.

mischt werden, denn sonst gibt es ein heilloses Durcheinander.

2: Beschrifte die Gläser und hänge Schildchen daran, auf dem der Sortenname, der Zeitpunkt der Ernte und eventuell Besonderheiten vermerkt sind. Bedecke anschließend die gallertartige Masse mit etwas Wasser und lass das Ganze zugedeckt etwa zwei Tage stehen. In dieser Zeit löst sich die gallertartige Masse rund um die Samen. Klebt diese Masse noch an den Körnern, verhindert sie die Keimung.

3: Schütte das Glas über einem feinmaschigen Sieb aus und spüle alles mit wenig Druck ab. Breite die Samen aus dem Sieb auf einem Küchenpapier aus und lasse sie mehrere Tage trocknen.

4: Die trockenen Samen kannst du jetzt in dunkle Gläser oder Papiertüten füllen. Wichtig ist jetzt auch wieder die Beschriftung: Sortenname, Datum, Farbe der Frucht, eventuell noch bestimmte Merkmale. Bewahre die Gläser bis zum nächsten Jahr kühl und trocken auf.

Du kannst diese Methode auch für Paprika, Chili und Physalis verwenden.

BOHNEN- UND ZUCKERSCHOTEN-SAMEN GEWINNEN

Die Vermehrung von Bohnen und Zuckerschoten ist wirklich beinahe ein Kinderspiel. Nicht nur der Anbau der Arten, sondern auch die Ernte, das Trocknen und Reinigen des Saatguts sind unkompliziert. Die Bohnensamen werden einfach aus den ausgereiften Hülsen gewonnen. Gegen Ende der Bohnensaison, also etwa zwischen Ende August und Anfang Oktober, lässt du gesunde Hülsen an der Pflanze hängen und ausreifen. Sie sollten bei der Ernte brüchig und trocken sein und die Samenkorner hart.

Aus den halbierten Früchten vorsichtig die Samen herauslöffeln. Achte dabei auf Sauberkeit.

Wenn die Samen im Wasser vergären, entsteht ein säuerlicher Geruch. Keine Sorge: Es ist alles okay.

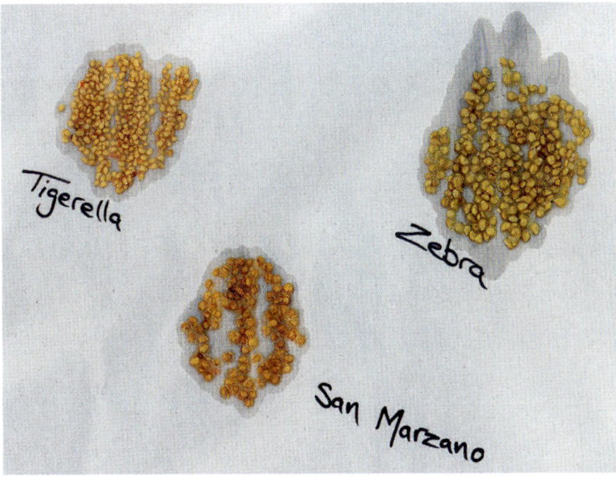

Jede Tomatensorte bringt unterschiedliche Früchte hervor und auch die Samen unterscheiden sich.

So gehst du vor

Wähle heute deine Buschbohnenpflanzen aus, die am kräftigsten wachsen und den besten Ertrag liefern, und lass an diesen in den folgenden Wochen einige Hülsen hängen. Die dürren Hülsen solltest du nur bei trockenem Wetter ernten, dann lässt du sie für 2–3 Wochen an einem luftigen, warmen Ort nachtrocknen. In feuchten Jahren lohnt es sich, die Hülsen von der Pflanze zu entfernen und indoor auf Zeitungspapier auszulegen und zu trocknen. Die Trocknung sollte unter diesen Umständen möglichst schnell erfolgen, damit das Saatgut nicht keimt oder sich Krankheiten verbreiten können.

Nach der Trocknung entfernst du die Außenwände und sammelst die einzelnen Samen zusammen. Sortiere verschrumpelte und krank aussehende Körner direkt aus. Da Bohnen einen relativ geringen Vermehrungskoeffizienten haben, lohnt es sich, genügend Körner für die nächste Gartensaison aufzubewahren. Lagere dein Bohnensaatgut in trockenen und verschlossenen Gläsern, die mit Sortennamen, Datum und eventuell mit Besonderheiten beschriftet werden sollten.

Diese Art der Saatgutgewinnung kannst du auch bei Zuckerschoten, Stangenbohnen, Feuerbohnen und Mais nutzen.

MANGOLDSAMEN GEWINNEN

Mangold bildet meist erst im zweiten Anbaujahr Blüten und Samenstände aus. Bei sehr stark schwankenden Wetterbedingungen kann es allerdings vorkommen, dass Mangold auch schon im ersten Jahr blüht – das stellt aber eher die Ausnahme dar.

Wähle heute 3–4 Mangoldpflanzen aus, die bis in den nächsten Sommer in deinem Gartenbeet stehen bleiben dürfen. Sie sollten eng beisammen stehen, da Mangold durch Insekten, aber auch durch Wind bestäubt wird. Der Stiel deiner zweijährigen Mangoldpflanzen wird sich im nächsten Frühjahr verdicken und einen Blütenstand bilden. Hier kannst du im Herbst die getrockneten sternförmigen Samen abstreifen.

Bohnen werden vorsichtig aus den abgetrockneten Hülsen gelöst. Diese sollten nicht mehr grün sein.

Diese Art der Saatgutgewinnung kannst du auch bei Roter Bete nutzen.

LAUCHSAMEN GEWINNEN

Lauch blüht erst im zweiten Anbaujahr. Lass gegen Ende der Saison 1–2 besonders schöne Stangen im Beet stehen. Für eine Überwinterung solltest du den Lauch dick mit Laubmulch eindecken. Hast du schon im ersten Jahr eine Lauchpflanze, die in die Blüte gegangen ist, nutze sie lieber nicht zur Saatgutgewinnung. Das Merkmal „frühe Blüte" könnte an das Saatgut weitergegeben worden sein, es ist aber besser, wenn der Lauch erst im zweiten Jahr blüht.

Im Frühjahr bildet sich eine große Dolde mit vielen Blüten, die bei vielen Insekten sehr beliebt sind. Lauch- und Zwiebelgewächse werden wegen ihrer prächtigen Dolden auch häufig im Ziergarten angebaut. Es dauert ziemlich lang, bis sich aus den Blüten reife Samen entwickelt haben. Du erkennst den richtigen Reifegrad, sobald die Dolde abgetrocknet ist und sich schwarze Samen zeigen. Dies schwarzen Körner kannst du aus der Dolde schütteln oder sie aufbrechen und die Samen auffangen.

In kalten Regionen

In kaltgemäßigten Regionen lohnt es sich, Lauch und Mangold im Haus zu überwintern. Sie würden den Winter im Freien nämlich nicht überstehen. Grabe das Gemüse vorsichtig mitsamt der Wurzel aus und stelle es in einen Eimer mit feuchtem Sand. Dieser wird kühl, dunkel und frostfrei gelagert und ab und an gewässert. Im März können die Kulturen wieder ins Beet ausgepflanzt werden.

ÜBERRASCHUNGSEFFEKT

Zucchini, Kürbis, Kohl, Gurken und viele andere Gemüsearten gehören zu den Fremdbefruchtern. Das bedeutet, dass die Befruchtung zwischen verschiedenen nah beieinanderwachsenden Pflanzen stattfindet. Durch diese Befruchtung kann es bei gleichen Pflanzenfamilien zu Einkreuzungen kommen. Wachsen eine Gurke und eine Zucchini in deinem Garten, können sich die spezifischen Merkmale der Pflanzen vermischen und das Saatgut ist nicht mehr „rein". Wenn du die typischen Eigenschaften deiner Pflanzen im kommenden Jahr wieder genießen willst, dann solltest du diese als Saatgut neu kaufen.

ZEIT-SPAR-TIPP

Entnimm in deinem Garten nur das Saatgut, das dir ohne Arbeit „zugeflogen" kommt. Vergessene Bohnenhülsen, Saatgut von Ringelblumen und anderen Wildblumen oder kleine Kartoffeln ernten sich quasi von selbst.

Lass doch mal eine Lauchpflanze blühen und sich aussamen. Über die Blüten freuen sich Insekten.

Rote Bete und Mangold bilden meist kleine Samenknäule mit 2–4 Samen. Sie lassen sich besonders gut ernten.

SEPTEMBER

Aktionstage im September

Fülle im September deine Vorratsregale mit lagerfähigem und verarbeitetem Gemüse auf. Auch Kräuter kannst du jetzt noch gut trocknen und für den Winter einlagern. Möchtest du im neuen Gartenjahr neue Gartenelemente nutzen, dann ist jetzt ein guter Zeitpunkt für die ersten Vorbereitungen oder die Anlage der Strukturen.

25. Aktionstag: Es wird Zeit, an neue Gartenelemente, z. B. ein Hochbeet, zu denken. Auch ein Frühbeet und ein Kompost sind nützliche Elemente in deinem Gemüsegarten.
26. Aktionstag: Vorratshaltung ist heute angesagt. Du kochst Rotkohl ein.
27. Aktionstag: Du solltest verschiedene Gemüse noch vor dem Winter abernten.

TAG 25:

NEUE GARTENELEMENTE ENTSTEHEN

Heute kannst du neue Gartenelemente in deinen Garten integrieren, denn bestimmt hast du schon Ideen, in welchen Ecken ein Hochbeet oder ein Kompost entstehen könnte. Zusätzlich gibt es einen Tipp für ein fix gebautes Frühbeet.

6 Stunden

Gemeinschaftsaufgabe

DAS BRAUCHST DU:

Für das Hochbeet:
- ✓ *Holzelemente oder Fertig-Hochbeet-Set*
- ✓ *Fleißige Helfer*
- ✓ *Wühlmausdraht, Tacker*
- ✓ *Füllmaterial für Hochbeete*

Für das Frühbeet (in Abhängigkeit von der Variante):
- ✓ *Palettenrahmen, Kulturschutznetz*
- ✓ *Holzplatten oder Betonplatten*
- ✓ *Erde*
- ✓ *Sträucher für eine Hecke*

Für den Kompost:
- ✓ *Holzelemente oder Fertig-Kompost*

Ein Hochbeet kann eine sinnvolle Ergänzung sein, wenn entweder die Gartenbedingungen nichts anderes zulassen oder Kulturen in dem Hochbeet wachsen, die wenig Pflege benötigen. Bei besonders lehmigen Böden kannst du ein Hochbeet für die Anzucht von Wurzelgemüsen nutzen. Ist dein sonnigster Platz im Garten auf einer Terrasse, dann kannst du in deinem Hochbeet die Sonnenanbeter der Gemüse anbauen. Das Schöne an so einem Hochbeet ist aber auch das ergonomische Arbeiten. Bücken war gestern, mit einem Hochbeet kannst du entspannt gärtnern.

Hochbeete gibt es in allen Farben, Formen, Materialien und Größen. Am einfachsten funktioniert der Bau mit Palettenrahmen, die ohne Werkzeug aufeinandergesteckt werden und auch schnelle Veränderungen in kommenden Jahren mitmachen.

SO GEHT'S

1: Platziere dein Hochbeet so, dass es von mindestens 2–3 Seiten zugänglich ist. Wege sollten einfach mit Rasenmäher oder Freischneider erreicht werden können.

2: Verwendest du Palettenrahmen, kannst du sie vor dem endgültigen Aufstellen erst einmal hin und her bewegen und den Eindruck im Garten auf dich wirken lassen. Bei aufwendigeren Modellen ist das schwieriger. Schneide dir Kartonstücke in der richtigen Größe aus, die du dann zur Probe aufstellen kannst.

3: Bevor du dein Hochbeet an seinen Zielort setzt, solltest du ein Wühlmausgitter an der Unterseite anbringen. Hochbeete bieten sonst einen warmen Unterschlupf für die kleinen Säugetiere.

4: Du kannst dein Holzhochbeet von innen auch mit einer Noppenfolie auskleiden, um das Holz vor Verrottung und Pilzbefall zu schützen. Bei einem günstigen Hochbeet aus Palettenrahmen würde ich diesen Schritt allerdings auslassen.

Auf das Innere kommt es an!

Mit der richtigen Hochbeetfüllung können ideale Bedingungen für den Gemüseanbau geschaffen werden. Durch unterschiedliche organische Schichten werden Nährstoffe über Jahre hinweg freigesetzt und eine humusreiche Struktur geschaffen. Je nach Höhe deines Hochbeetes kannst du eine oder bis zu vier Schichten an Materialien einbringen.

Oben: 30 cm Erde
Mitte/oben: Reifer Kompost oder gekaufte Komposterde
Mitte/unten: Frische pflanzliche Materialien wie Rasenschnitt, Laub, Gemüsereste
Unten: Äste und Reisig (von Tag 29)

Hast du heute das Hochbeet aufgestellt, dann musst du es nicht sofort befüllen. Der Herbst wird dir noch ausreichend Füllgut zur Verfügung stellen, das du nach und nach einbringen kannst. Erde und Kompost kannst du im kommenden Frühjahr kurz vor der Bepflanzung des Hochbeets einbringen.

PRAKTISCH: FRÜHBEET

Ein Frühbeet ist ein Kasten mit angeschrägten Seitenwänden und häufig auch integriertem Glasdach. Es sollte immer nach Süden hin ausgerichtet sein. Im Hobbygarten wird es zur frühen Anzucht von Jungpflanzen genutzt, die später in das bodennahe Beet umziehen. Im Erwerbsanbau gibt es Frühbeete, in denen die Pflanzen das ganze Jahr über verbleiben. Die Idee des Frühbeetes ist, dass durch die Seitenwände Wärme im Beet gehalten werden kann. Die Abdeckung speichert zusätzlich Wärme, aber auch Feuchtigkeit, da Verdunstungswasser kondensieren kann.

Äste und Reisig bilden die unterste Schicht im Hochbeet. Sie dienen als Drainage, sorgen für eine gute Durchlüftung und gewährleisten den Wasserabzug.

Die Vorteile eines Frühbeetes kannst du dir zunutze machen und je nach Bedingungen und Materialien, die dir zur Verfügung stehen, umsetzen. Hier einige Beispiele:

- ➜ Setze einen Palettenrahmen „zu viel" auf dein Hochbeet und bedecke es mit einem Kulturschutznetz oder einer Plexiglasplatte.
- ➜ Stelle Holzbretter oder Betonplatten in einem Abstand von 1 m in dein Beet.
- ➜ Errichte eine Hecke als Windschutz im Norden deines Gemüsebeetes.
- ➜ Errichte einen (bepflanzten) Erddamm von mindestens 40 cm Höhe auf der Nordseite deines Beetes.

Diese Maßnahmen ändern das Mikroklima deines Beetes oder der ausgewählten Beetfläche. Die Pflanzen sind starken Winden weniger ausgesetzt und du kannst deine Ernteperiode verlängern.

GÄRTNERGOLD: KOMPOST

Neben der Flächenkompostierung auf verschiedenen Beeten kannst du auch einen Kompostplatz anlegen. Da nicht alle organischen Materialien sich für eine flächige Kompostierung eignen, ist der Kompost eine gute Ergänzung. Im Handel gibt es einfache Holz-Steckelemente oder auch Heißkomposter.

Der ideale Ort für deinen Kompost ist vom Gemüsegarten und von der Küche aus gut zugänglich und du kannst ihn auch mit der Schubkarre anfahren. Nutze einen leicht schattigen Standort neben einer Gartenhütte oder einem Baum, damit dein Kompost im Sommer nicht so schnell austrocknet. Dein Kompost sollte direkt auf dem Boden stehen und einen Erdanschluss haben, denn so haben die nützlichen Bodenlebewesen einen Zugang zu den organischen Materialien und können dir bei der Zersetzung helfen.

Kompost sollte zweimal umgesetzt werden. Das Material wird belüftet und verrottet dann schneller.

Materialien für den Kompost

Neben den üblichen Mulchmaterialien eignen sich auch härtere Wurzeln, Pappe oder holzige Materialien für den Kompost. Durch eine längere Rottephase haben diese Materialien Zeit, sich zu zersetzen. Achte dennoch darauf, dass dein Kompostplatz nicht zu einem Gartenmülleimer wird. Je kleiner die Materialien sind, die auf dem Kompost landen, desto schneller können sie auch zersetzt werden. Zerschneide Wurzeln oder Staudenreste mit einer Gartenschere. Kohlwurzeln können mit einem Hammer aufgebrochen werden – eine gute Aufgabe, um überschüssige Energie im Garten loszuwerden.

Kranke Pflanzen oder Beikräuter, die Samen ausgebildet haben, gehören nicht auf den Kompost und werden beim Grünschnitt oder im Hausmüll entsorgt. An Tag 27 (siehe Seite 152) ist das Abernten der Beete angesagt, dann wandern die ersten organischen Materialien auf deinen Kompost.

PFLEGE-TIPPS

Das Kompostieren ist eine Technik, bei der die organischen Materialien aktiv zur Zersetzung angeregt werden. Du kannst das Kompostieren mit effektiven Mikroorganismen, einem Kompoststab und einem Häcksler perfektionieren und gleichzeitig aber auch sehr zeit- und kostenaufwendig gestalten. Mit Geduld und ein paar Grundregeln erhältst du aber auch ohne die Hilfsmittel hervorragende Komposterde:

1: Den Kompost nicht austrocknen lassen. Ein Kompost muss regelmäßig gegossen werden. Das Material sollte leicht feucht, aber nicht nass sein.

2: Materialmix aus holzigem und frischem Material.

3: Große Stiele oder Wurzeln werden vor der Kompostierung zerkleinert.

4: Ein Abdecken mit Pappe oder Leinensack hält die Wärme und Feuchtigkeit.

5: Sehr viel Geduld – Kompostmaterialien können bis zu einem Jahr Zeit benötigen, um vollständig zersetzt zu sein.

ZEIT-SPAR-TIPP

Anstelle eines Hochbeets kannst du auch ein Hügelbeet anlegen. Die Schichtung der Materialien ist ähnlich, aber es wird kein Rahmen benötigt. Auch eine Kompostmiete ohne räumliche Begrenzung ist gut möglich. Dabei werden die Kompostmaterialien zeltähnlich aufgestapelt, mit einer Schicht Rasenschnitt luftdicht verschlossen und für mehrere Monate dem Rotteprozess überlassen.

Urgesteinsmehl unterstützt deinen Kompost beim Zersetzungsprozess. Gießen nicht vergessen!

Grünzeug ohne Samen und Rasen kann auf den Kompost in einer dünnen Schicht ausgebracht werden.

Je kleiner du das Material für den Kompost schneidest, umso schneller wird alles zersetzt.

TAG 26:

ROTKOHL EINKOCHEN

Heute kannst du deine Rotkohlköpfe ernten und gleich einkochen. Rotkohl eignet sich prima für die Vorratshaltung und frisch eingekochter Rotkohl aus dem eigenen Garten schmeckt „um Welten besser" als gekaufter.

2 Stunden

alleine oder Gemeinschaftsaufgabe

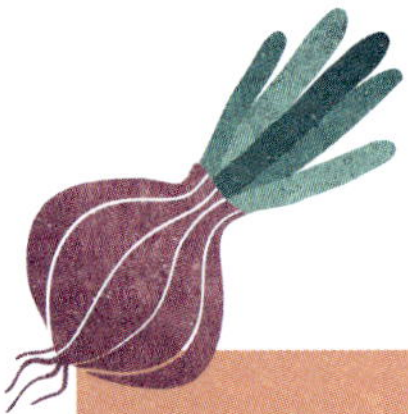

DAS BRAUCHST DU:

- ✓ *1 kg Rotkohl*
- ✓ *2 Äpfel (z. B. Boskop)*
- ✓ *200 ml Apfelsaft*
- ✓ *150 ml Rotwein*
- ✓ *5 EL Apfelessig*
- ✓ *1 Zwiebel*
- ✓ *Bratöl*
- ✓ *2 EL Agavendicksaft*
- ✓ *2 Lorbeerblätter, 1 Zimtstange, 1 Sternanis, 10 Nelken, 10 Wacholderbeeren, 2 TL Salz*
- ✓ *Gläser, Kochtopf, etwas Essig zum Reinigen der Gläser*
- ✓ *Einkochautomat oder Backofen und ein tiefes Backblech*

Rotkohl lässt sich auf vielfältige Art und Weise haltbar machen oder auch einlagern. In milden Regionen kannst du deinen Kohl auch noch bis in die Wintermonate im Beet stehen lassen. Es kann jedoch sein, dass der Kohlkopf bei hoher Feuchtigkeit aufplatzt. Spätestens dann solltest du ihn ernten und verarbeiten. Rotkohl lässt sich wie hier in diesem Rezept einkochen. Aber auch Einfrieren und Fermentieren sind gute Möglichkeiten, um Gemüse zu konservieren.

SO GEHT'S:

1: Stelle einen oder mehrere Töpfe bereit. Entferne die äußeren welken Blätter des Rotkohls und schneide den Kohlkopf in feine, möglichst gleichmäßige Streifen. Schäle und entkerne die Äpfel und schneide sie in kleine Würfel.

2: Rotkohl und Äpfel in einen Topf geben und mit Apfelsaft, Rotwein und Apfelessig aufkochen. Nebenbei kannst du die Zwiebel klein schneiden und in etwas Bratöl leicht andünsten.

3: Fülle die Gewürze in einen Teebeutel, den du zusammen mit der Zwiebel und dem Agavendicksaft zum Rotkohl gibst. Das Ganze köcheln lassen, bis der Rotkohl weich ist. Je nachdem, wie dick die Streifen sind, dauert das 30–60 Minuten.

4: In der Zwischenzeit kannst du die Gläser auskochen, Deckel und Gummiringe für 5 Minuten in Essigwasser auskochen und alles für das Abfüllen aufstellen.

5: Entferne den Teebeutel mit den Gewürzen. Fülle mit einer Schöpfkelle den Rotkohl in die Gläser und drücke ihn mit einem Holzstampfer oder einem Löffel nach unten hin fest, sodass möglichst wenig Lufträume im Glas entstehen. Fülle dein Glas nur zu etwa Dreiviertel auf und übergieße den Rotkohl dann vorsichtig mit dem Kochsud.

6: Der gesamte Kochsud sollte auf die Gläser verteilt werden, auch wenn das erst mal ziemlich flüssig aussieht. Der Rotkohl zieht noch Wasser und sollte auch nach einigen Tagen noch mit Flüssigkeit bedeckt sein.

7: Reinige die Glasränder mit einem sauberen (Küchen-)Tuch und verschließe sie.

Die Herstellung des Rotkohls ist bis hierhin abgeschlossen und du kannst ihn nun im Kühlschrank für eine längere Zeit aufbewahren. Soll der Rotkohl etwa ein Jahr lang halten, musst du die gut verschlossenen Gläser in einem Einkochautomaten für 40 Minuten einkochen. Alternativ füllst du ein tiefes Backblech mit etwas Wasser und stellst deine Rotkohlgläser auf dem Backblech für 40 Minuten bei 120 °C in den Ofen.

ZEIT-SPAR-TIPP

Koche direkt große Mengen Rotkohl ein. So musst du nur einmal alle Materialien in der Küche zusammensuchen und abspülen.

Rotkohl kann mit Sternanis, Wacholder, Zimt, Nelken und Lorbeer sehr fein aromatisiert werden.

Beim Einkochen sollte der Rotkohl mit Flüssigkeit bedeckt sein. So ist er länger haltbar.

TAG 27:

ABERNTEN VOR DEM WINTER

Bevor es wieder kälter wird, kannst du bei einem Rundgang durch den Garten die frostempfindlichen Kulturen abernten, mehrjährige mediterrane Pflanzen eintopfen und mit deiner Herbsternte ein leckeres Erntefest feiern. Je nach Klimaregion solltest du im September, Oktober oder November abernten.

4 Stunden

Gemeinschaftsaufgabe

DAS BRAUCHST DU:

- ✓ *Spaten, Grabegabel*
- ✓ *Töpfe für mehrjährige Kulturen*
- ✓ *Gartenmesser*
- ✓ *Gartenschere*
- ✓ *Erntekorb*

Der Winter ist im Garten keine Wachstumszeit, er kann aber mit ausreichender Planung eine Erntezeit sein. Im Gemüsebeet können je nach Klimaregion mehr oder weniger Kulturen direkt überwintern. Einige Gemüse profitieren geschmacklich sogar von einer Frostphase. Kohlrabi werden bei leichtem Frost besonders zartschmelzend und Möhren süßlich. Aber zuerst ist die Ernte der Herbstgemüse dran: Salate, Lauch, Knollen- und Zwiebelpflanzen, die noch auf den Beeten stehen, kannst du einlagern, einfrieren oder einkochen. Bis der erste Frost angesagt wird, kannst du natürlich auch nach und nach ernten und die Gemüse frisch zu leckeren Mahlzeiten verarbeiten.

SO GEHT'S

Deine wichtigsten Gerätschaften bei der Ernte sind ein Spaten oder eine Grabegabel, ein

Gartenmesser, eine Gartenschere und mindestens ein Erntekorb. Gerade bei der Ernte von Wurzelgemüse ist es wichtig, dass du mit dem Spaten oder der Grabegabel neben einer Pflanze einstichst und erst einmal vorsichtig durch Hin-und-her-Bewegen den Boden lockerst. Es wäre doch zu schade, wenn z. B. leckere Karottenwurzeln abbrechen. Bricht doch mal eine Wurzel ab, dann musst du sie recht schnell verarbeiten. Eine längere Lagerung ist nicht möglich.

WAS IM HERBST NOCH GEHT

Die nachfolgende Liste ist sortiert von frostverträglich bis wenig kälteresistent. Die Gemüsearten am Ende der Liste kannst du experimentell in deinem Beet stehen lassen und ausprobieren, ob sie bei dir eventuell überwintern können.

- ➜ Pastinake
- ➜ Rote Bete
- ➜ Möhren
- ➜ Porree
- ➜ Feldsalat
- ➜ Petersilie
- ➜ Rosenkohl
- ➜ Wirsing
- ➜ Grünkohl
- ➜ Mangold
- ➜ Asiasalat
- ➜ Spinat
- ➜ Kohlrabi
- ➜ Weißkohl (in milden Gegenden)
- ➜ Rotkohl (milde Gegenden)
- ➜ Knollensellerie

Die Rote-Bete-Knollen dürfen nicht verletzt werden. Sie müssen für die Lagerung unversehrt bleiben.

Warum abernten?

Im Winter kann nicht nur die Kälte dir und dem Gemüse zum Verhängnis werden. Zu viel Feuchtigkeit im Beet kann zu Fäulnis an den Pflanzen führen und ist ein guter Grund, Gemüse frühzeitig zu ernten.

Möchtest du bestimmte Gemüsearten wie Wurzelgemüse oder Knollensellerie einlagern, dann solltest du immer vor dem ersten Frost ernten. Für den Direktverzehr ist eine Lagerung im Beet gut möglich. Allerdings gibt es möglicherweise Mit-Esser: Einige deiner tierischen Gartenbewohner gehen zwar in den Winterschlaf, andere wiederum bleiben aktiv und freuen sich über knackige Wurzeln im Erdreich, wenn das Nahrungsangebot sonst eher gering ist. Lässt du Wurzelgemüse im Garten überwintern, dann ernte ab und an eine Wurzel und kontrolliere sie auf Fraßschäden. Ist dir bekannt, dass du Mäuse im Garten hast, dann ernte das Wurzelgemüse vor dem Winter.

Ein weiterer Grund zum Ernten gegen Ende Herbst ist deine Zeit, die du im Garten verbringst. Liegt dein Gemüsebeet nicht direkt in Hausnähe, dann verbringst du nun weniger Zeit im Garten und kannst Veränderungen erst später wahrnehmen. Mit gut eingelagertem und konserviertem Gemüse sparst du dir die eine oder andere Fahrt in den Garten.

SPÄTE ERNTE – TIPPS UND TRICKS

Im Herbst ist nicht immer schönes Wetter. Es regnet häufiger, die Sonne bleibt womöglich tagelang hinter den Wolken versteckt. Wenn du Gemüse zum Einlagern ernten willst, solltest du aber nach Möglichkeit auf ein paar sonnige Tage warten, und das hat mehrere Gründe. Zum einen haftet nicht so viel Erde an Wurzeln und Knollen, zum anderen wird der Boden beim Ernten nicht verdichtet. Ist es draußen matschig und du betrittst die Beete, dann wird die Erde zusammengedrückt. Das solltest du aber nach Möglichkeit vermeiden.

Bei einjährigen und wärmeliebenden Kulturen beginnt ab September oder Oktober die Zersetzung des Pflanzengewebes durch Pilze. Die Folge: Das Gemüse stirbt ab. Jetzt ist für dich also die letzte Chance, die Früchte dieser Kulturen abzuernten.

Bohnen ernten

Schneide die gesamte Pflanze über dem Boden ab. Nun kannst du vergessene Hülsen abschneiden oder zwischen Daumen und Zeigefinger abknipsen. Sie werden anschließend gleich verarbeitet oder je nach Reife zur Saatgutgewinnung genutzt. Die Stängel und das Blattwerk kannst du zerkleinern und als Mulchmaterial verwenden, das entweder auf das abgeerntete Beet kommt oder in den Kompost wandert.

Tomaten

Ernte jetzt alle Früchte, die noch an der Pflanze hängen, ab. Sind noch ganze Rispen an der Pflanze, dann schneide diese ab. Die einzelnen Früchte halten länger, wenn sie an der Rispe verbleiben. Grüne Früchte kannst du zu Hause nachreifen lassen. Lege sie am besten nebeneinander auf ein Tablett. Grabe die Tomatenpflanze mitsamt der Wurzel aus.

Kartoffeln

Jetzt wird es aber Zeit! Je nach Kartoffelsorte ist Ende September die Erntezeit für spät reifende Kartoffeln. Die letzten Knollen werden vorsichtig mit der Grabegabel aus der Erde geholt und sind besonders gut lagerfähig, vorausgesetzt, du hast einen kühlen, dunklen Raum zur Verfügung. Ist die Erde schon feucht, dann solltest du die Knollen gut ausgebreitet zu Hause trocknen lassen und eventuell vor deinen Lagerkartoffeln zubereiten.

Kürbisse und Zucchini

Die Ernteperiode von Kürbis und Zucchini endet meist im Oktober. Zucchini werden fortlaufend geerntet, bis die Pflanze keine Früchte mehr produziert. Kürbisse werden im reifen Zustand geerntet, damit sie länger lagerfähig sind. Die Reife erkennst du an einer festen Schale und einem verholzten Stielansatz. Die Früchte an einer Pflanze können zu unterschiedlichen Zeitpunkten erntereif sein.

Mit dem Herzen dabei

Viele Blattgemüse können, bedeckt mit einem Schutzvlies oder durch einen Folientunnel geschützt, überwintern. Das gelingt aber nur, wenn du bei Mangold, Salaten, Grünkohl und Palmkohl lediglich die äußeren Blätter erntest. Achte darauf, dass die Wunde, die durch das Abschneiden entsteht, möglichst klein bleibt. Das Herz der Pflanze muss über den Winter stehen bleiben, denn daraus wachsen frische Blätter heran. Im Winter ist das Wachstum stark verlangsamt, im Frühjahr starten die Pflanzen mit neuer Kraft wieder durch.

KUSCHELPLATZ FÜR DEN WINTER

Einige wärmebedürftige Gemüsepflanzen kannst du im Hausflur oder Wintergarten überwintern. Sie sind zweijährig und können im zweiten Jahr mit einem großen Wachstumsvorsprung wieder in dein Gemüsebeet eingesetzt werden. Überwintere Pflanzen nur, wenn du den idealen Standort hast.

Der perfekte Überwinterungsplatz:

➜ Heller Standort an einem Südfenster
➜ Zwischen 10 und 15 °C, nie unter 10 °C
➜ Bewässerung 1x die Woche möglich
➜ Keine Heizungsluft

Im Haus kannst du Paprika, Chili, Auberginen, Okra und Physalis überwintern.

Ernten zum Überwintern

1: Entferne alte und gelbe Blätter von deiner Pflanze. Lockere mit einer Grabegabel den Boden rundherum und hebe die Pflanze aus der Erde. Schüttele überschüssige Erde ab.

2: Setze den Erdballen in einen Topf. Hast du besonders lehmige Erde in deinem Garten, dann vermische sie mit Gemüseerde.

3: Setze deine Pflanze an einen hellen und lauwarmen Ort in deiner Wohnung. Etwa einmal die Woche kannst du sie wässern.

4: Große Pflanzen benötigen einen Rankstab im Topf, damit sie nicht umknicken.

ZEIT-SPAR-TIPP

Möchtest du im Winter den Garten Garten sein lassen, dann gibt es eine ganz einfache Lösung: Alles abernten und alle Beete mit einer dicken Mulchschicht bedecken. Es ist vollkommen in Ordnung, den Garten im Winter nicht zu nutzen. Vielleicht kommst du im zweiten oder dritten Gartenjahr auf den Geschmack und baust dein eigenes Wintergemüse an.

Wenn die Nächte kälter werden, reifen Tomaten am Strauch nicht aus. Lass sie im Haus nachreifen.

Bleiben die inneren Blätter vom Mangold stehen, treiben auch im Herbst noch neue Blätter nach.

Eine Mulchdecke aus Laub ist ein idealer Schutz für Beete. Verteile das Material gleichmäßig.

OKTOBER

Aktionstage im Oktober

Im Oktober erntest du deine letzten frostempfindlichen Kulturen ab. Mehrjährige Pflanzen können stehen bleiben und auch neu gepflanzt werden – schütze sie mit einer Mulchschicht oder einem Vlies in den kalten Nächten. Decke deine freien Beete mit einer Laubdecke zu und schaffe Unterschlupf-Möglichkeiten für die Nützlinge in deinem Garten.

28. Aktionstag: Mach es dir leichter. Im Oktober kannst du mehrjähriges Gemüse einpflanzen und Winter-Knoblauch stecken.

29. Aktionstag: Jetzt wird es Zeit, den Garten winterfest zu machen.

30. Aktionstag: Learning by doing – das hast du in dieser Gartensaison gemacht. Nimm dir Zeit für einen Rückblick.

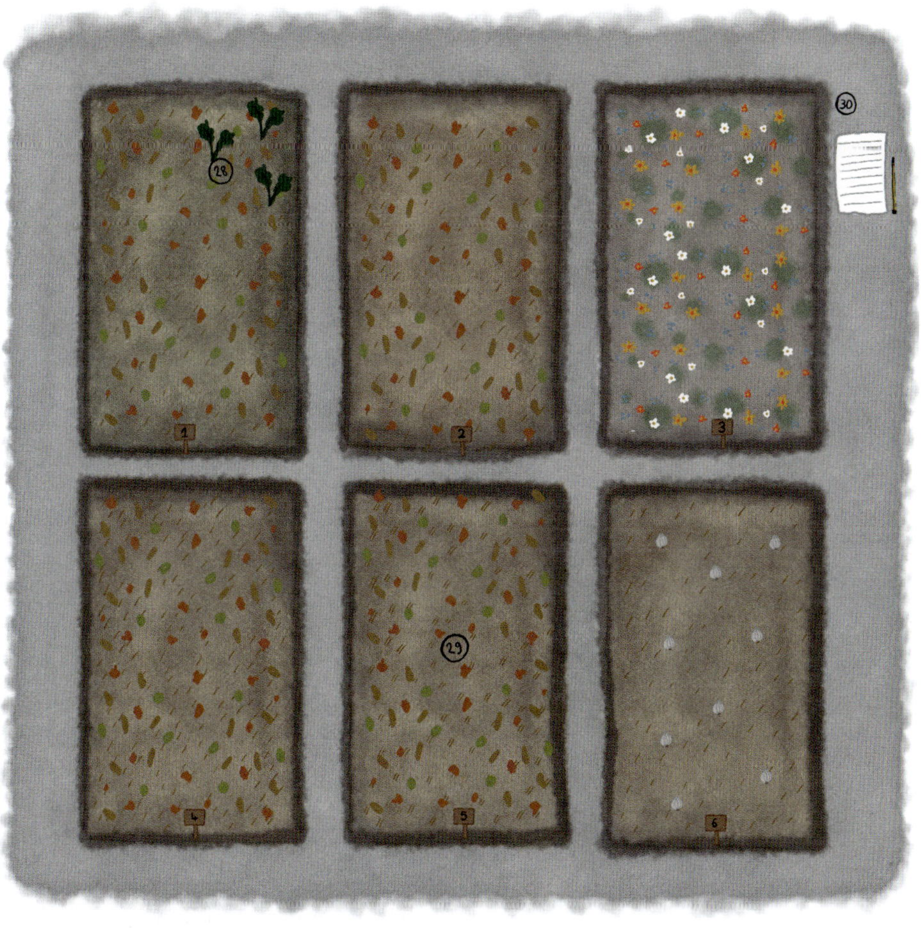

TAG 28:

ÜBER WINTER ODER MEHRJÄHRIG – DAS SPART ZEIT

Der Oktober ist ein guter Zeitpunkt für die Pflanzung mehrjähriger Kulturen, wie Rhabarber, Winterheckenzwiebel, Ewiger Kohl und noch viel mehr in deinem Gemüsebeet. Auch Knoblauch kann jetzt in die Beete gesteckt werden.

2 Stunden

eine Person

DAS BRAUCHST DU:

- ✓ *Winter-Knoblauch*
- ✓ *Grabegabel*
- ✓ *Pikierstab oder Ast*
- ✓ *Saatgut von Dicken Bohnen*
- ✓ *Rhabarberstaude*
- ✓ *Andere mehrjährige Gemüse*

Die Temperaturen sinken und das Wetter wird meist insgesamt feuchter. Viele Gemüsepflanzen gehen bei diesen Bedingungen ein oder stellen zumindest ihr Wachstum ein. Anderen jedoch, wie Zwiebelgewächsen und Stauden, macht das nichts aus. Werden mehrjährige Gemüse im Herbst gepflanzt, dann können sie im nächsten Jahr schon kräftig wachsen, beerntet werden oder sie zeigen ihre volle Blütenpracht.

PERMAVEGGIES

Bei den dauerhaften Gemüsearten, den sogenannten Permaveggies, handelt es sich um Gemüsestauden. Rhabarber kennst du bestimmt; auf den nächsten Seiten erkläre ich dir den Anbau. Aber auch nicht so bekanntes Gemüse wie Winterheckenzwiebeln, Ewiger Kohl, Topinambur, Bärlauch und Guter Heinrich zählen dazu, um nur einige zu nennen. Der Vorteil des staudig wachsenden Gemüses liegt auf der Hand: Einmal gepflanzt bleiben die Pflanzen über mehrere Jahre auf demselben Beet. Sie treiben meist schon früh aus, sind also oft vor dem ersten ausgesäten Gemüse schon bereit zum Ernten, sie bedecken dauerhaft den Boden und ersparen dir jede Menge Zeit.

Eine Philosophie

Der bedeutendste Unterschied zu einjährigem Gemüse ist wohl, dass man die Einjährigen ganz und gar verbraucht, also aberntet und die Reste bestenfalls kompostiert. Mit Permaveggies geht man aber anders um, das ist fast schon eine Philosophie: Es wird nie alles genommen, immer bleiben einige Knollen in der Erde, um im Frühjahr wieder neu auszutreiben, Blatthorste werden nie ganz geschnitten, damit sie sich regenerieren können, Blütenstände bleiben stehen, um Samen zu bilden, die an anderer Stelle keimen. Dieses bunte Wachstum, das Sich-Verschenken der Pflanzen, ohne selbst dabei zugrunde zu gehen, das kann faszinierender nicht sein und kommt vielleicht auch deiner Gärtnerseele entgegen. Probiere es einfach aus.

Ökologisch wertvoll

Allein aus ökologischer Sicht ist dauerhaftes Gemüse eine echte Bereicherung. Oftmals handelt es sich um Arten und Sorten, die schon vor langer Zeit angebaut, von ertragreicheren Pflanzen dann aber abgelöst wurden. So ist es z. B. mit der Erdmandel, die früher als Mandelersatz diente. Ähnliches gilt für den Guten Heinrich, den wilden Spinat, der früher auf dem Dorfanger wild gewachsen ist und als Gemüse gerne gegessen wurde.

Bei dauerhaftem Gemüse steht oft nicht nur das Blatt oder die Blüte, Frucht oder Wurzel als Erntegut im Vordergrund, bei ganz vielen Arten ist alles essbar und verwendbar. Das ist besonders schön bei dauerhaftem Gemüse.

MEERRETTICH (*ARMORACIA RUSTICANA*)

Meerrettich wird über Seitentriebe der Mutterpflanze vermehrt. Wichtig ist eine leicht schräge Einbringung der Wurzel in die Erde. So wird die Pflanze dazu angeregt, dicke Wurzeln und nicht zu viel Laub auszubilden. Bei humosem, mittelschwerem Boden entwickeln die Wurzeln den gewünschten scharfen Geschmack. Ein sonniger bis halbschattiger Standort ist ideal. Da die Staude zu den Starkzehrern gehört, solltest du sie im Laufe der Saison mehrfach düngen. Ernten kannst du die Wurzel von September bis April, indem du sie aus dem gelockerten Boden mit einer Grabegabel herausziehst.

RHABARBER PFLANZEN

Rhabarber ist botanisch gesehen ein Gemüse – auch wenn du ihn in der Küche wie ein Obst verwendest und zu Kompott oder Kuchen verarbeitest. Die mehrjährige Pflanze ist winterhart und breitet sich nach ihrer Pflanzung in den nächsten Jahren auf gut 1–2 m² Fläche aus. Rhabarber wird über Ableger vermehrt. Das bedeutet, dass im Herbst die Wurzeln einer Mutterpflanze geteilt und die zwei gewonnenen Pflanzen umgesetzt werden. Aus eins mach zwei! Auch andere Gemüsestauden werden über diese Technik vermehrt.

Wähle für deinen Rhabarber einen langfristigen Standort, auf dem er bleiben kann. Er möchte ungerne jedes Jahr das Beet wechseln, da er sich dann immer wieder neu zurechtfinden muss. Durch das Umpflanzen wird Rhabarber im Wachstum gehemmt und benötigt ein Jahr Ruhezeit im neuen Gartenboden. Es gibt verschiedene Rhabarbersorten, alle mögen einen tiefgründigen Boden, am besten im Halbschatten. In der Sonne macht die Pflanze schnell einmal schlapp und die Blätter hängen runter. Nach der Pflanzung solltest du – wie bei vielen anderen Gemüsestauden – erst einmal nichts ernten, um den Rhabarber nicht zu schwächen.

So geht's:

1: Hebe ein Loch für deine Rhabarberpflanze aus. Das Gemüse bevorzugt nährstoffreiche und schwere Böden. Setze den Wurzelableger in das Pflanzloch. Die Stielansätze sollten über der Erde zu sehen sein.

2: Fülle das Pflanzloch rund um die Wurzeln wieder mit ausreichend Erde auf, die du um die Pflanze herum etwas andrückst. Dann wird gegossen.

3: Rhabarber zieht im Winter ein, es sind dann keine Blätter mehr zu sehen. Am besten deckst du den Platz im Winter mit einer Laubschicht ab. Im Frühjahr kannst du einen Tontopf darüberstülpen. Die Dunkelheit provoziert ein früheres Wachstum der Rhabarberstängel.

Diese Anbaumethode eignet sich auch für Meerkohl, Meerrettich und viele andere Gemüsestauden.

WINTER-KNOBLAUCH

Knoblauch-Selbstversorgung ist auch mit einem kleinen Feld sehr gut möglich. Knoblauch wird gesteckt, heißt, es wird eine Knoblauchzehe mit der Triebspitze nach oben in die Erde gesetzt und aus dieser Hauptzehe entstehen mehrere Nebenzehen und somit eine neue Knoblauchknolle. Knoblauch kann im Herbst im September und Oktober oder auch im zeitigen Frühjahr im Februar und März gesteckt werden. Die Knollen werden bei der Herbstpflanzung jedoch etwas kräftiger. Knoblauch ist ein guter Beetnachbar für Erdbeeren, Möhren und Tomaten.

So geht's:

1: Boden vorbereiten: Lockere den Boden auf. Stich dafür mit einer Grabegabel in den Boden und bewege sie leicht hin und her. Knoblauch mag einen nährstoffreichen, komposthaltigen Boden. Kleinere Pflanzen- oder Wurzelreste können aber ruhig im Boden verbleiben und müssen nicht abgesammelt werden.

2: Teile deine Knollen zur Aussaat in einzelne Zehen und lasse sie für ein paar Stunden trocknen. Falls beim Auseinanderbrechen kleine Verletzungen an den Zehen entstanden sind, können sie sich noch verschließen und die Zehen sind nicht so anfällig für Krankheiten.

3: Stecke die Zehen 4–6 cm tief mit einem

Pflanzabstand von 10–15 cm in den Boden. Für die Pflanzlöcher kannst du einen Pikierstab oder festen Ast nutzen.

4: Bedecke die Zehen mit Erde und gieße mit der Brause an. Im weiteren Verlauf der Saison kannst du deine Knoblauchzehen sparsam gießen. Bedecke den Boden und die gesteckten Zehen mit einer 15 cm dicken Mulchschicht aus Laub.

5: Dünge deinen Knoblauch im Januar mit verdünnter Brennnesseljauche oder alternativ mit Düngepellets.

Pflege muss sein

Mit den ersten wärmenden März-Sonnenstrahlen kannst du deine Zehen aus dem Winterschlaf holen und die Mulchschicht abdecken. So wärmt sich der Boden durch die Sonnenstrahlen gut auf und der Knoblauch läuft nicht Gefahr, wegen Staunässe zu faulen.

Bilden sich im Sommer Blütenknospen am Stiel aus, dann kannst du diese ausbrechen und als frischen Knoblauch im Sommer genießen. Dein gepflanzter Knoblauch kann so seine Kraft in die Entwicklung der unterirdischen Zehen stecken und verschwendet keine Energie an die Blütenbildung.

WAS NOCH GEHT

Neben dem hier vorgestellten Gemüse kannst du im September/Oktober auch noch Dicke Bohnen (Ackerbohnen) aussäen, Steckzwiebeln stecken, Asiasalate und Spinat aussäen. Sogar Kartoffeln kann man im Oktober schon in die Beete bringen. Die Auspflanzung erfolgt analog zu der Pflanzung im Frühjahr, wobei nach dem Legen und Abdecken der Kartoffeln mit Erde noch eine zusätzliche Mulchschicht über das Beet gelegt wird. In besonders kalten Gegenden rate ich allerdings von der Winterkultivierung ab.

Vor dem Stecken von Knoblauch wird das Beet glatt gerecht. Eine gute Bodenvorbereitung ist wichtig.

Zerteile die Knolle. Die Zehen sind das Pflanzgut. Aus jeder Zehe entsteht eine neue Knolle.

Gesteckt wird in vorgezogene Reihen. Die Zehen werden mit einer 4–6 cm hohen Erdschicht bedeckt.

TAG 29:

GARTEN WINTERFEST MACHEN

Heute kannst du deinen Garten winterfest machen und auf die feuchte und kalte Jahreszeit vorbereiten. Diesen Tag kannst du gut mit Tag 28 verknüpfen und einen gemeinsamen Ernte- und Aufräumtag mit deinen Gartenhelfern verbringen.

5 Stunden

Gemeinschaftsaufgabe

DAS BRAUCHST DU:

- ✓ *Gartenschere*
- ✓ *Gartenmesser*
- ✓ *Wurzelbürste*
- ✓ *Bio-Öl*
- ✓ *Schmirgelpapier*

Im Winter wird dein Garten zu einem ruhigen Ort. Die Vegetation fährt natürlicherweise runter. Pilze haben im Herbst und Winter die Aufgabe, alte Pflanzen zu zersetzen, um dann im Beet Platz für frische Pflanzen im neuen Jahr zu schaffen. Im Herbst ist es also normal, dass Mehltau und Kraut- und Braunfäule auftreten und einige deiner Gemüsepflanzen absterben.

Deine Vorbereitungen für den Winter unterstützen den Garten in seiner Ruhephase, sorgen für den Erhalt der mehrjährigen Kulturen und bieten einen Lebensraum für deine tierischen Gartenmitbewohner, die sich in Staudenstängeln und Laubhaufen verstecken und überwintern können. Welche Vorbereitungen in deinem Garten notwendig sind, hängt sehr von der Klimaregion, in der du lebst, ab. Manchmal ist weniger mehr. Verschiedene Arbeiten erledigst du besser im Frühjahr.

WAS GETAN WERDEN MUSS

Die Wintermonate sind einerseits oft feuchter als die Sommermonate, andererseits benötigen deine Pflanzen aber weniger Wasser. Deine Wasserversorgung durch Schläuche oder Regentonnen wird im Winter nicht benötigt, jetzt wird es Zeit, alles winterfest zu machen, damit keine Leitungen einfrieren. Du kannst alle Utensilien sicher bis zum nächsten Frühjahr verstauen.

Stelle Hähne ab und entleere Leitungen, Schläuche und Gießkannen. Auch Regentonnen solltest du teilweise entleeren. In milden Klimaregionen werden sie nicht einfrieren und es besteht keine Gefahr, dass sie aufplatzen oder porös werden. In kaltgemäßigten Klimaregionen müssen Regentonnen im frühen Winter komplett entleert werden. Lagere Gartenschläuche in einer Gartenhütte oder Garage und hänge sie am besten auf.

Hast du Ollas oder Tonkrüge zur Bewässerung im Gartenbeet, dann solltest du sie nicht mehr mit Wasser befüllen und abdecken, damit sich dort kein Wasser ansammeln kann. Sie können jedoch über den Winter getrost im Beet verbleiben.

Nimm dir auch Zeit für das Reinigen deiner Gartengeräte und vor allem der Scheren und Schneidwerkzeuge. Sie sind dir treue Diener und haben ein wenig Pflege verdient. Gut gepflegt sind sie viel länger haltbar.

Abschneiden, Stutzen und Mähen

In der kalten Jahreszeit bleiben überwinternde Gemüse und mehrjährige Arten im Gartenbeet. Sie bedecken auch jetzt den Boden und schützen ihn. Abgestorbenes Material kannst du zurückschneiden, ansonsten ist aber keine andere Arbeit nötig.

Wenn du Staudenstängel nicht abschneidest, sondern erst im Frühjahr zur Schere greifst, können dort Insekten überwintern. Zurückgeschnitten wird dann erst, wenn die Tiere die Stängel verlassen haben.

Stauden und Gräser mit schönen Samenständen sollten stehen bleiben. Sie liefern Nahrung für Vögel und geben ein schönes Bild im herbstlichen Garten.

Das muss auch sein: Das Einwintern der Gartengeräte. Sie werden gesäubert und z. B. mit Olivenöl gereinigt. Das Öl ist auch ein guter Rostschutz.

- Entferne Laub von Wiesen und Wegen und nutze es als Mulchmaterial. Das Laub von Walnuss, Kastanie und Eiche verrottet durch einen hohen Verholzungsgrad allerdings sehr langsam. Du kannst es dennoch auf deine Beete legen und dann im Frühjahr in Blumenbeete umschichten oder aber einen Laubhaufen für allerlei Tiere errichten.
- Mähe im späten Herbst deinen Rasen zum letzten Mal und verwende den Rasenschnitt als Mulch auf leeren Gartenbeeten. Die Mulchschicht für den Winter darf 30 cm oder höher sein. Wenn deine Rasenkante im Laufe der Saison überwachsen ist, dann kannst du sie frisch abstechen und die Kante zum Gemüsebeet neu sichtbar machen.
- Bei mehrjährigen Kräutern und staudig wachsenden Gemüsepflanzen vertrocknen teilweise die Stängel im späten Herbst und verholzen. Gesunde Pflanzen kannst du stehen lassen. Sie dienen als Versteck für viele Insekten und du kannst im nächsten Jahr im Beet besser erkennen, wo deine Stauden wachsen werden.

RECYCLING IM GARTEN

Hast du zu wenige Beete, um das im Herbst anfallende Laub, die Äste und Schnittgut als Mulch auszubringen, dann kannst du das meiste als Füllung für Hochbeete verwenden oder auf den Komposter geben. Die Reihenfolge: 1. Mulch, 2. Hochbeet, 3. Kompost, für die Verteilung deiner organischen Materialien macht Sinn. Mit dem Mulch kannst du die bestehenden Beete oder Pflanzen erhalten, bei den Hochbeeten schaffst du wiederum neue Gartenelemente und der Kompost dient als willkommenes Zusatzmaterial für deine starkzehrenden Pflanzen.

Zusammengerechtes Laub kannst du als Mulchmaterial nutzen oder einen Laubhaufen anlegen.

Rasenschnitt ist auch im Herbst ein guter Mulch. Damit nichts fault, lieber dünner ausbringen.

Wenn viel Astmaterial anfällt, kannst du es verwenden, um eine wertvolle Benjeshecke anzulegen.

Mit einem Frostschutzvlies oder einer Folie kannst du die Erntezeit im Garten noch verlängern.

Bei größeren Mengen Reisig oder Ästen von Bäumen und Hecken, kannst du eine Totholzhecke, die auch unter dem Namen Benjeshecke bekannt ist, anlegen. Grabe dafür 3–4 größere Äste im Abstand von 1 m in die Erde ein und schichte locker kleineres Holz dazwischen auf. Legst du die Hecke an einer Hauswand oder zu einem Zaun gerichtet an, dann kannst du sie leichter anlehnen und höher stapeln. Eine Benjeshecke ist ein hervorragender Unterschlupf für kleine Säugetiere, kann das Mikroklima in deinem Garten verbessern und erspart dir die eine oder andere Fahrt zum Grüncontainer.

GUT GESCHÜTZT

Mehrjährige frostempfindliche Pflanzen kannst du ausgraben und indoor frostfrei überwintern. Töpfe mit frostharten Pflanzen kannst du dicht an die Hauswand schieben, die bestens als Wärmespeicher fungiert. Auch Leinengewebe, Noppenfolie oder Kokosmatten um den Topf gewickelt, schützen den Wurzelballen vor Frostschäden. Mulche junge Obstbäume mit dem frisch geschnittenen Reisig.

Gemüsekulturen, die in deinen Beeten überwintern sollen, kannst du mit Mulch, Vlies oder Kulturschutznetzen schützen. Damit sich die Feuchtigkeit unter der Schutzschicht nicht staut, sollte die Abdeckung im Winter regelmäßig aufgelockert bzw. gelüftet werden. Hier kann die natürliche Schutzschicht durch Mulch von Vorteil sein, da das Auflockern schneller von der Hand geht.

GARTENGERÄTE UND SONSTIGES

Das Ende der Gartensaison ist immer ein guter Zeitpunkt, um die Gartenhütte aufzuräumen und Gartengeräte zu reinigen. Entferne mit einer Wurzelbürste oder mit groben Handschuhen die Erdreste von deinen Geräten. Holzstiele kannst du abschmirgeln und mit Bio-Öl einölen. Stell deine Gartenmöbel sicher unter, sodass sie gut überwintern können.

ZEIT-SPAR-TIPP

Für einen guten Überblick kannst du zunächst alle Schnittarbeiten, ob Gemüse, Hecke, Baum oder Staude, erledigen und deine Materialien sammeln. Diese gesammelten Materialien werden dann auf Beete, Topfkulturen oder den Kompost verteilt.

TAG 30:

RÜCKBLICK AUF DIE GARTENSAISON

Dein Garten ist für den Winter gut eingepackt und du hast einige Momente Ruhe? Dann kannst du heute auf deine Gartensaison zurückblicken und deine Learnings für die nächste Saison notieren.

2 Stunden

alleine oder Gemeinschaftsaufgabe

DAS BRAUCHST DU:

- ✓ *Checklisten und Notizen aus den vergangenen Monaten*
- ✓ *Zettel und Stift*

Gegen Ende der Gartensaison darfst du wieder die Augen schließen und etwas vor dich hin träumen. Erinnere dich an deine Ernte, an die Gartenarbeiten, an die Feste, an die Erfolge und Misserfolge im Beet? Ein großer Bereich dabei stellt dein Gemüsebeet und die unterschiedlichen Gemüsearten und -sorten dar. Aber auch über deinen gesamten Garten, die Gartengeräte, mehrjährige Pflanzen und Bäume kannst du jetzt nachdenken. Jetzt ist auch ein guter Zeitpunkt, um einen groben Beetplan oder eine Gemüsewunschliste für das Folgejahr zu erstellen.

ZEIT ZUM NACHDENKEN

Zur Orientierung habe ich dir einige Fragen notiert, die du allein oder mit deiner Gartengemeinschaft beantworten kannst:

- ➜ Welche Gemüsearten sind ertragreich

gewesen und haben einen geringen Aufwand verursacht?

- → Welche Gemüsearten möchtest du im Folgejahr wieder anbauen? Welche nicht?
- → Welche Gemüsesorten der einzelnen Arten sind gut gewachsen?
- → Ist die Größe der Beetfläche passend?
- → Wo können noch neue Beete entstehen?
- → War die Menge an Gemüse passend – welche Arten sollten im nächsten Jahr mehr und welche weniger angepflanzt werden?
- → Brauchst du für das nächste Jahr mehr Unterstützung von anderen im Garten?
- → Konntest du den Garten so genießen, wie du es dir vorgestellt hast, oder möchtest du etwas an deinen Gartentagen und der Zeitplanung ändern?
- → Welche Großprojekte können im nächsten Jahr umgesetzt werden?
  - → Bäume pflanzen
  - → Naschhecke anlegen
  - → Komposttoilette bauen
  - → Staudenbeet anlegen
  - → Hochbeete aufstellen

LESS STRESS

Behalte immer im Hinterkopf, dass nur wir Menschen uns den Stress im Garten machen. Durch Kleingartenanlagen haben wir leider oft enge Vorgaben, wie der Garten zu pflegen ist. Ob du hier deine Wiese nur zu Teilen abmähen oder Beikräuter wachsen lassen kannst, hängt sehr von der Gemeinschaft vor Ort ab. Musst du dich nur mit deinen Nachbarn absprechen, dann gestalte deinen Garten nach deinen Vorstellungen.

GARTEN-AUFGABE	LEICHT(ER) GEMACHT
Beikräuter hacken	Stehen lassen, wenn möglich
Gießen	Gießsysteme anlegen und Pflanzen mit niedrigem Wasserbedarf anbauen
Garten aufräumen gegen Ende des Jahres	Freunde einladen und ein letztes Gartenfest feiern
Rasen mähen	Teile der Wiese stehen lassen und nur Wege mähen
Schädlinge absammeln	Nützlinge anlocken – das macht viel mehr Spaß

ZEIT-SPAR-TIPP

Beim Gärtnern geht es nicht nur um das Ergebnis in Form einer reichen Gemüseernte. Finde die Aufgaben, in denen du Erfüllung findest, und gestalte dir dein Gartenerlebnis ganz nach deinen Bedürfnissen. Bleib einfach flexibel und probiere von Jahr zu Jahr neue Möglichkeiten im Umgang mit dem Garten aus, sodass du gar nicht erst das Gefühl bekommst, dass du Zeit einsparen möchtest, weil das Gärtnern für dich eine Herzensangelegenheit geworden ist.

Glossar

Anhäufeln: Das Anhäufeln beschreibt das Heranbringen von zusätzlicher Erde an eine Pflanze im Laufe der Wachstumsphase. Mit einer Hacke oder einem kleinen Rechen häufelst du z.B. Bohnen, Kartoffeln oder Erbsen an. Das dient dazu, der Pflanze mehr Standfestigkeit zu verschaffen. Durch die zusätzliche Erde am Stängel können sich außerdem noch zusätzliche Seitenwurzeln bilden. Das bedeutet für die Pflanze eine bessere Wasseraufnahme und trägt dann auch zu einem höheren Ertrag bei.

Aussamen: Pflanzen entwickeln sich bis zur Reife der Samen und säen und verbreiten sich selbst wieder, wenn sie nicht zuvor entfernt bzw. geerntet werden. Lass das Aussamen ruhig bei einigen Pflanzen zu. Die bunten Ringelblumen erfreuen dich dann jedes Jahr an einem anderen Platz im Garten mit ihren hübschen Blüten. Auch vom Borretsch kannst du vielleicht jedes Jahr ein paar Pflanzen gebrauchen. Bei Beikräutern wie dem Behaarten Schaumkraut sollte es nicht bis zur Samenreife kommen. Besser jätest du die kleinen Pflänzchen vor der Blüte.

Beikräuter: Anderes Wort für Unkräuter im Garten. Beikräuter sind Pflanzen, die nicht bewusst im Gemüsegarten ausgesät oder gepflanzt werden und sich meist invasiv ausbreiten. Viele Beikräuter sind allerdings nutzbar und außerdem sehr gesund.

Bodenmüdigkeit: Werden auf einer Fläche lange Zeit die gleichen (Nutz-)Pflanzen angebaut, kann der Boden ermüden. Woran das liegt, ist bis heute noch nicht abschließend geklärt. Unter anderem können sich Fadenwürmer, sogenannte Nematoden, im Boden anreichern, die sich auf bestimmte Pflanzenarten spezialisiert haben und diese schädigen. Bodenmüdigkeit äußert sich durch geringere Erträge oder häufig auftretende Krankheiten.

Brühe: Aufgebrühte (erhitzte) Pflanzen in Wasser. Durch den Erhitzungsprozess können bestimmte wirksame Inhaltsstoffe gelöst werden und durch Gießen an den Boden bzw. deine Pflanzen abgegeben werden.

Erdmiete: Ein geschützter Ort, z.B. eine Erdgrube, in der die Ernte bzw. das Gemüse über den Winter gelagert werden kann. Wenn du keinen geeigneten Keller hast, ist eine Erdmiete die ideale Lösung für dich. Du hebst dafür einfach im Garten eine Grube aus, bedeckst den Boden und die Seiten mit einem Gitter oder stellst einen luftdurchlässigen Behälter in die Grube, um das gelagerte Gemüse vor gefräßigen Besuchern zu schützen. Dann wird die Miete mit einer Plane oder Ähnlichem zum Schutz vor Feuchtigkeit überspannt.

Extensives Gemüse: Gemüse, das mit weniger Arbeitsaufwand auskommt. Die Nutzungsfläche und die Anbauzeit dieser Gemüsearten können deshalb größer sein. Mehrjähriges Gemüse gehört zum extensiven Gemüse. Einmal im Garten angepflanzt liefert es dir für mehrere Jahre Blätter, Blüten und Wurzeln, ohne dass du viel tun musst.

Flachwurzler: Pflanzen, die mit ihren Wurzeln dicht unter der Erdoberfläche wachsen und sich so in die Breite ausstrecken.

Geiztriebe: Seitentriebe, die an der Pflanze zwischen Haupttrieb und Blatt, in der sogenannten Blattachsel, entstehen. Bei einigen Gemüsearten, allen voran den Tomaten, ist es wichtig, die Seitentriebe frühzeitig auszubrechen, um den Ertrag zu erhöhen.

Gesteinsmehl: Zermahlenes Gestein, das durch den Einsatz im Garten mineralische Spurenelemente einbringen kann.

Gießring: Der Gießring oder die Gießmulde ist eine Vertiefung der Erdschicht rund um die Pflanze. So ein Gießring ermöglicht dir ein zielgerichtetes Wässern, ohne dass Gießwasser verschlemmt wird.

Herzblätter: Sitzt der Vegetationspunkt der Pflanze zentral zwischen den Blättern, wie z.B. beim Kopfsalat, dann werden die direkt angrenzenden Blatter als Herzblätter bezeichnet.

Herzwurzler: Pflanzen, die sich mit ihren Wurzeln sowohl in die Breite als auch die Tiefe ausstrecken.

Keimblätter: Die ersten Blätter, die sich bei der Keimung zeigen, werden Keimblätter genannt. Je nach Pflanzenart zeigt sich eine unterschiedliche Anzahl und Form der Keimblätter.

Knöllchenbakterien: Bakterien, die an Pflanzen, z.B. Leguminosen, Knöllchen bilden, in denen Stickstoff gespeichert wird. Sie sind besonders wichtig für die Stickstoff-Fixierung im Boden. Das Beste daran: Knöllchenbildende Gemüsearten müssen weniger oder gar nicht mit Stickstoff gedüngt werden.

Kraut- und Braunfäule: Pilzerkrankung, die durch den Boden oder durch das Gießwasser auf die Pflanze übertragen wird. Meist verwelken zuerst die Blätter, später die ganze Pflanze.

Mischkultur: Mehrere Kulturen werden auf einer Fläche angebaut. Durch diesen Anbau kannst du den Platz in deinem Garten ideal nutzen und die unterschiedlichen Kulturen können sich durch Nährstoffaustausch oder Vertreibung von Fraßfeinden unterstützen.

Mulch: Das Mulchen beschreibt das Bedecken des Bodens mit abgestorbenen Pflanzenmaterialien. Mit dem Mulchen förderst du das Bodenleben und bewahrst im Boden Feuchtigkeit. So sind deine Gemüsepflanzen auch bei trockener Witterung besser mit Wasser versorgt.

Neemöl: Öl aus der Blüte des Neembaums, das zur pflanzlichen Schädlingsbekämpfung eingesetzt wird. Du erhältst Neemöl in Gartencentern, Gärtnereien und sogar in gut sortierten Drogeriemärkten.

NPK Dünger: NPK-Dünger enthält Stickstoff (N), Phosphat (P) und Kalium (K) und wird häufig zur Düngung von Tomaten eingesetzt. Stickstoff fördert das Pflanzenwachstum, Phosphat die Blüten- und Fruchtbildung und Kalium die Wasserregulation.

Phänotyp: Äußeres Erscheinungsbild sowie die physiologischen Eigenschaften eines Organismus bzw. einer Pflanze. Im Gegensatz zum Genotyp, der die vererbten Eigenschaften beschreibt.

Register

Halbfette Seitenzahlen verweisen auf Fotos.

Adressen, Links, Tipps und empfehlenswerte Bücher

HIER FINDEST DU NACHHALTIGES ZUBEHÖR:

Töpfe aus Hanffasern
gibt es bei meinwoody.de

Töpfe aus Holzfasern
gibt es von Fertil. Sie können z. B. bei *samenhaus.de* bestellt werden

Töpfe aus Naturkautschuk
gibt es z. B. von Green & Fair. Sie können u.a. bei *avocadostore.de* bestellt werden

Töpfe auf Basis von Sonnenblumenschalen
gibt es bei *pottburri.de*

Handtopfpressen
gibt es bei *matelma.com*

Erde im Paperbag
gibt es von Kleeschulte. Sie kann z. B. bei *shoprankwerk.de* gekauft werden

Gartenhandschuhe aus Naturkautschuk von Fair Zone
gibt es z. B. bei
avocadostore.de

Gartenschnur aus Schafwolle
gibt es bei
andermatt-biogarten.de

Nachhaltiges Zeug für Küche, Bad, Garten bekommst du z. B. bei *daheeme.de*

HIER FINDEST DU SAATGUT, PFLANZGUT, ERDEN, DÜNGER

Biosaatgut, Erden und Dünger
bietet shop.plantura.garden

Bio-Saatgut, Bio-Pflanzgut, alte Sorten und Raritäten
gibt es z.B. bei
Bingenheimersaatgut.de
magicgardenseeds.de
reinsaat.at
biogartenversand.de

Pflanzkartoffeln aus ökologischem Anbau
findest du unter
Kartoffelvielfalt.de

Kräutersaatgut bietet
z. B. *didaseeds.com* an

ZUM MITMACHEN, LERNEN UND UNTERSTÜTZEN

Acker – Hier wächst Begeisterung
Acker.co

TIPPS UND INFOS RUND UMS GEMÜSEGÄRTNERN

meine-ernte.de

BERATUNG UND INFORMATIONEN RUND UMS GEMÜSE

Stiftung Pro Specie Rara
Unter Brüglingen 6
CH-4052 Basel
Tel. +41 61 545 99 11
info@prospecierara.ch
prospecierara.ch

Verein zur Erhaltung der Nutzpflanzenvielfalt e. V.
Uhlandstr. 57
D-45468 Mülheim an der Ruhr
Tel.: +49 208 74 04 99 25
geschaeftsstelle@nutzpflanzenvielfalt.de
nutzpflanzenvielfalt.de

Bildungsstätte Gartenbau
Gießener Str. 47
D-35305 Grünberg
Tel.: +49 6401 91 01-0
info@bildungsstaette-gartenbau.de
bildungsstaette-gartenbau.de

Bayerische Gartenakademie
An der Steige 15
D-97209 Veitshöchheim
Tel.: +49 931 98 01-0
poststelle@lwg.bayern.de
lwg.bayern.de

aid infodienst
Ernährung, Landwirtschaft, Verbraucherschutz e. V.
Heilsbachstr. 16
D-53123 Bonn
Tel.: +49 228 849 90
aid@aid.de
aid.de

Gartenakademie Baden-Württemberg e. V.
Diebsweg 2
69123 Heidelberg
Grünes Telefon: +49 (0)900 1042290
Tel.: +49 (0)6221 7484810
gartenakademie@lvg.bwl.de
gartenakademie.info

„Natur im Garten" Mecklenburg-Vorpommern
Das Gartentelefon
Tel.: +49 (0)39934 899646
Jeden Montag von 13–17 Uhr
info@natur-im-garten-mv.de

gARTenakademie Sachsen-Anhalt e. V.
Salzwedeler Torstr. 34
39638 Hansestadt Garelegen
Tel.: +49 (0)1573 6888 488
info@gartenakademie-sachsen-anhalt.de
gartenakademie-sachsen-anhalt.de

ARCHE NOAH
Obere Str. 40
A-3553 Schiltern
info@arche-noah.at
arche-noah.at

Labore für Bodenanalysen findest du im Internet. Vergleiche vor der Wahl am besten die Preise der Anbieter. Bodenuntersuchungen nehmen aber auch die Landwirtschaftlichen Untersuchungs- und Forschungsanstalten der Länder vor. Einige Anbieter leihen auch einen Bohrstock zur Probenentnahme aus, wenn er vor Ort abgeholt wird. Suchst du Anbieter in deiner Region können dir die Gartenakademien und Landwirtschaftskammern sicher weiterhelfen.

EMPFEHLENSWERTE BÜCHER

Arche Noah Bio-Gemüse-Ratgeber
Andrea Heistinger
Einfach anbauen. Vielfalt ernten
edition loewenzahn, Innsbruck

Mehrjähriges Gemüse – einmal pflanzen, dauernd ernten
Philippe Collignon, Bernard Bureau
Verlag Eugen Ulmer, Stuttgart

Nachhaltig gärtnern: biologisch, ressourcenschonend, klimafreundlich
Burkhard Bohne
Gräfe und Unzer Verlag, München

Gemüse für alle! Das Gartenbuch mit Erntegarantie für Einsteiger
Natalie Kirchbaumer, Wanda Ganders, Ina Remmel
Gräfe und Unzer Verlag, München

Der Boden – Das verborgene Universum zu unseren Füßen
Ina Sperl
Gräfe und Unzer Verlag, München

ÜBER DIE AUTORIN

Ina Remmel ist mit einem Gemüsegarten in der Stadt aufgewachsen. Schon immer war der Garten für sie ein Ort der Selbstversorgung und Gemeinschaft. In ihrem Studium der Ernährungswissenschaften hat sie sich mit der gesunden und pflanzenbasierten Ernährung auseinandergesetzt. Seit 2018 hat sie in ihrem 500-m²-Garten ein essbares Paradies geschaffen und teilt ihre Begeisterung für den Gemüseanbau sowohl privat als auch beruflich in verschiedenen Gartenprojekten.

DANK

Nun möchte ich ein Dankeschön an alle richten, die ein Teil des Buches und Teil meines Gartenlebens sind.
Der Macherin Kati möchte ich meinen besonderen Dank ausrichten. Gemüseanbau ohne dich wäre nur halb so effektiv und spaßig.
Danke an Steffi, die mich so selbstverständlich in ihren Garten eingeladen hat und mir ihr großes Vertrauen für Veränderungen entgegengebracht hat.
Danke an meine zauberhaften Nachbarn für den Austausch von Tipps, Gartengeräten und Gemüse über den Staketenzaun hinweg.
Danke an Teresa für die schönen Momente, die du eingefangen hast. Danke an alle Menschen, die mit ihrem Besuch dem Garten Leben und neue Impulse geben und mit denen ich viele wertvolle Gartenmomente erleben darf.

BILDNACHWEIS

Cover: mauritius images/ Westend61/Epiximages
Fotos:
Adobe Stock: /7monarda 41; /Alexander Raths 21-1; /encierro 11-1, 71; /kukuruzik 38; /omika 101; /Simone 143-2; / Наталия Чубакова 156; **Botanikfoto**/Steffen Hauser: 17-1, 19-1, 22-1, 23-1, 103-1, 148; **Flora Press**: /BIOSPHOTO: 14-2, 27-2, 62-1, 62-2, 62-3, BIOSPHOTO/Yann Avril 65-1; /Christine Ann Föll 155-2; /Daniela Kunze 61, 69-1; /Dieter Schinner 143-1; /Digitalice Images 24-1; /flora production: 155-1; /FocusOnGarden/Jürgen Becker 163-1; /Fork Handles 46; /Gaby Jacob 104-1; / Gary Smith 107; /Helga Noack 27-1; /Ingid Gorr 149-3; /Martin Hugh-Jones 91; /Meyer-Rebentisch 16-2; /Nadja Buchczik 14-1; /Otmar Diez 10, 23-2, 26-1, 79, 92, 93-1, 125-1, 149-1, 164-2; Thomas Dupaigne 57-1; /Ute Klaphake 129, 139-1, 155-3; **Tammo Ganders:** 174; **GAP Photos:** 55-2, 20-1, 94, 123, 126, 131-2, 139-3, 141-1, 141-2, 141-3, 159; /Dave Bevan 140-2; /Gary Smith 98-1; /Howard Rice 32, 108-1, 108-2, 108-3; /Jason Ingram 134; /John Swithinbank 20-2; /Jonathan Buckley 58, 89-1, 114, 140-1; /Juliette Wade 144; /Nicola Stocken 72; /Robert Mabic 165; /Thomas Alamy 103-2; /Tim Gainey 125-2; /Victoria Firmston 16-1; **gartenfoto.eu/** Martin Staffler: 164-3; **Teresa Herzmann:** 3, 4, 6, 11-2, 12, 17-2, 18-2, 19-2, 22-2, 24-2, 25-1, 25-2, 26-2, 28, 37, 39-1, 39-2, 39-3, 43-1, 50, 55-1, 57-2, 64, 73-2, 75, 80-1, 80-3, 81, 83, 84, 85, 87, 89-2, 97, 98-2, 99, 102, 105, 109, 118, 121, 137, 149-2, 151-1, 151-2, 161-2; **mauritius images**: /Alamy/Les Gibbon 53; /Alamy/Tim Gainey 21-2; / Alamy/Vitalii Marchenko 15-2; /Foodcollection 142; /Julia Thymia 69-2; /Maskot 35-1; / Pitopia/Alexander Raths 2-2, 76; /Science Source/Nigel Cattlin 15-1; /Ute Konopka Photographi 2-1, 9; **Ina Remmel:** 5, 93-2; **Shutterstock**: / Dean Clarke 80-2; /eurobanks 13; /Miriam Doerr Martin Frommherz 147; /nieriss 164-1; **Stocksy/Manu Prats:** 35-2; **Friedrich Strauß:** 18-1, 42, 63, 65-2, 73-1, 74-1, 74-2, 74-3, 104-2, 104-3, 130, 131-1, 139-2, 153, 161-1, 161-3, 163-2; /NouN 54.
Illustrationen:
Bella Illenberger: 31, 33, 43-2, 44, 45, 47, 51, 59, 77, 95, 113, 115, 127, 135, 145, 157;
alle sonstigen Illustrationen: **Adobe Stock**.
Syndication: www.seasons.agency

GARTENLUST PUR.

ISBN 978-3-8338-8030-8

ISBN 978-3-8338-8177-0

ISBN 978-3-8338-8800-7

ISBN 978-3-8338-6194-9

ISBN 978-3-8338-8793-2

ISBN 978-3-8338-8095-7

e Alle hier vorgestellten Bücher sind auch als eBook erhältlich.

Mehr von GU auf **gu.de** | **gu.verlag** | **gu.verlag**

QUALITÄTS G|U GARANTIE

LIEBE LESERINNEN UND LESER,

wir wollen Ihnen mit diesem Buch Informationen und Anregungen geben, um Ihnen das Leben zu erleichtern oder Sie zu inspirieren, Neues auszuprobieren. Wir achten bei der Erstellung unserer Bücher auf Aktualität und stellen höchste Ansprüche an Inhalt und Gestaltung. Alle Anleitungen und Rezepte werden von unseren Autoren, jeweils Experten auf ihren Gebieten, gewissenhaft erstellt und von unseren Redakteur*innen mit größter Sorgfalt ausgewählt und geprüft.

Haben wir Ihre Erwartungen erfüllt? Sind Sie mit diesem Buch und seinen Inhalten zufrieden? Wir freuen uns auf Ihre Rückmeldung. Und wir freuen uns, wenn Sie diesen Titel weiterempfehlen, in Ihrem Freundeskreis oder bei Ihrem Online-Kauf.

Sollten wir Ihre Erwartungen so gar nicht erfüllt haben, tauschen wir Ihnen Ihr Buch jederzeit gegen ein gleichwertiges zum gleichen oder ähnlichen Thema um.

KONTAKT ZUM LESERSERVICE

GRÄFE UND UNZER VERLAG
Grillparzerstraße 12
81675 München
www.gu.de

IMPRESSUM

G|U

GU ist eine eingetragene Marke der GRÄFE UND UNZER VERLAG GmbH, www.gu.de

ISBN 978-3-8338-8895-3
1. Auflage 2023

Projektleitung: Cornelia Nunn
Lektorat:
Christine Weidenweber
Korrektorat:
Andrea Lazarovici
Bildredaktion: Judith Starck; Petra Ender und Natascha Klebl (Cover)
Umschlaggestaltung und Layout: ki 36 Editorial Design
Herstellung:
Susanne Fuhrmann
Satz: Christopher Hammond
Reproduktion: Longo AG, Bozen
Druck & Bindung: aprinta GmbH, Wemding

Umwelthinweis:

Nachhaltigkeit ist uns sehr wichtig. Der Rohstoff Papier ist in der Buchproduktion hierfür von entscheidender Bedeutung. Daher ist dieses Buch auf PEFC-zertifiziertem Papier gedruckt. PEFC garantiert, dass ökologische, soziale und ökonomische Aspekte in der Verarbeitungskette unabhängig überwacht werden und lückenlos nachvollziehbar sind.

Wichtiger Hinweis

Die Gedanken, Methoden und Anregungen in diesem Buch stellen die Meinung bzw. Erfahrung der Verfasserin dar. Sie wurden von der Autorin nach bestem Wissen erstellt und mit größtmöglicher Sorgfalt geprüft. Jede Leserin, jeder Leser ist für das eigene Tun und Lassen auch weiterhin selbst verantwortlich. Weder Autorin noch Verlag können für eventuelle Nachteile oder Schäden, die aus den im Buch gegebenen praktischen Hinweisen resultieren, eine Haftung übernehmen.

GRÄFE UND UNZER

Ein Unternehmen der
GANSKE VERLAGSGRUPPE